Freundschaft

MIEKE MOSMULLER

FREUNDSCHAFT

OCCIDENT VERLAG

Band MM 65

Occident Verlag
Geerstraat 1
5111 PS Baarle Nassau
Niederlande

Telefon: +31 (0)13 - 507 99 48
E-Mail: info@occident-verlag.de
Internet: www.occident-verlag.de

Umschlaggestaltung: Occident Media B.V.
Umschlagabbildung: Ruth Kaspers-Mosmuller

ISBN/EAN: 978-3-946699-25-5

INHALT

ERSTER TEIL

Freundschaft durch Anziehung

ZWEITER TEIL

Aus dem ‚Nichts' Freundschaft gründen

ERSTER TEIL

FREUNDSCHAFT DURCH ANZIEHUNG

FREUND

Du brauchst jemanden,
ruhig und aufrichtig
der, wenn es darauf ankommt,
für dich betet und für dich kämpft.
Erst wenn du jemanden hast
der mit dir lacht und weint
Nur dann kannst du sagen:
Ich habe einen Freund.

Wenn du jemanden hast,
der alles mit dir teilt
den Tisch und das Bett
der dich nie langweilt,
wenn du jemanden hast,
der alle deine Sorgen heilt,
weißt du, was das sagen will,
weißt du, was das bedeutet?

Du brauchst jemanden,
ruhig und aufrichtig
der, wenn es darauf ankommt,
für dich betet und für dich kämpft
Erst wenn du jemanden hast
der mit dir lacht und weint
Nur dann kannst du sagen:
Ich habe einen Freund.

Erst wenn du jemanden hast
der mit dir lacht und weint,
Nur dann kannst du sagen:
Ich habe einen Freund.

Toon Hermans

Dieses kleine Gedicht von Toon Hermans hat vielleicht Millionen von Menschen angesprochen, weil es mit einem Augenzwinkern innig ist. Vielleicht kann in einem solchen kleinen Gedicht mehr gesagt werden als in einem ganzen Buch über Freundschaft, und doch glaube ich, dass Freundschaft etwas ist, das weit über das hinausgeht, was in diesem kleinen Gedicht als notwendige Seite der Freundschaft dargestellt wird. Ich möchte versuchen, die Freundschaft so ins Bewusstsein zu bringen, dass es dem Leser, der sich daran beteiligt, möglich wird, sein eigenes Leben auf die Freundschaft hin zu überprüfen und die Fähigkeit zur Freundschaft zu steigern.

Bereits Aristoteles hat in seiner *Ethica Nicomachea* ausführlich über die Freundschaft und ihre verschiedenen Formen berichtet. Es ist ein Text, der leicht zu lesen ist und aus dem man schon beim Lesen viele Erkenntnisse über Freundschaft gewinnen kann. Aber wir leben über 2.000 Jahre später und sind in einen völlig anderen inneren Zustand eingetreten. Wir leben in einem ganz veränderten Umfeld und es ist gut, sich auf die vielleicht schönste Eigenschaft des Menschen zu besinnen, nämlich ein Freund zu sein und einen Freund zu haben.

Das fängt schon in der Schule an. Schauen wir zurück in den Kindergarten und sehen wir nach, ob es dort Freunde gab. Kann ich mich daran erinnern? Und wenn ja, wie ist es dazu gekommen? Weiß ich das noch?

Wenn man versucht, sich an so etwas zu erinnern, fällt einem oft erst einmal gar nichts ein. Aber wenn man dann länger darüber nachdenkt, entsteht ein Bild von dieser Zeit, in dem man sich immer mehr erinnern kann. Dann findet sich wahrscheinlich in jedem Menschenleben ein Hinweis auf eine Freundschaft zwischen Kindern. Ihr wohnt zusammen in einer Straße oder ihr geht zusammen zur Schule; ihr seid zusammen in einer Klasse, ihr kommt zu einer Geburtstagsfeier, ihr ladet Kinder zu eurer Geburtstagsfeier ein... So klein ihr auch seid, ihr habt Vorlieben. Vielleicht wird diese Vorliebe zum Teil dadurch bestimmt, was üblich ist, welche Kinder immer für eine Feier gefragt werden. Aber wenn wir anfangen, unser Gedächtnis genau zu erforschen, werden wir Hinweise auf bestimmte Sympathien finden, die wir für bestimmte Kinder oder vielleicht nur für ein einziges hatten. Und wenn man in der Grundschule höher und höher kommt, wird das bewusster eingesetzt. Dann tauchen sehr starke Sympathien und Antipathien auf.

Wenn man an seine Schulzeit zurückdenkt und sich an die Kinder erinnert, mit denen man am liebsten gespielt hat, kann man sich vorsichtig fragen: Warum habe ich mit diesem Mädchen oder diesem Jungen am liebsten gespielt? Warum hatte ich den Wunsch, dieses Kind zu mir nach Hause einzuladen, oder die Hoffnung, dass ich zum Spielen mit diesem Kind eingeladen würde, dass ich zum Abendessen oder vielleicht sogar über Nacht bleiben dürfte?

Versuchen wir mal, uns diese Erinnerungen ins Gedächtnis zu rufen, und konzentrieren wir uns dann darauf, was genau uns dazu veranlasst hat, mit diesem Kind so gerne umgehen zu wollen.

Vielleicht sind Sie jetzt in Ihren Dreißigern oder Sie sind schon 60 oder 70 und das Kind ist immer noch Ihr bester Freund oder Ihre beste Freundin. Das kommt vor. Normalerweise ist das nicht der Fall, und es sind vorübergehende Freundschaften, die im Laufe des Lebens verloren gehen.

Wie dem auch sei, wir wollen versuchen, der Sache auf den Grund zu gehen: Was war es, das mich dazu brachte, gerade mit diesem Kind die Freundschaft zu suchen? Ich hatte noch gar keine Definition von Freundschaft, ich brauchte auch keine, aber ich wollte gerade mit diesem Kind ein Stück meines Lebens teilen und konnte mich danach sehnen.

Nicht wie ein verliebter Jugendlicher sich nach einem Freund oder einer Freundin sehnt, sondern wie ein Grundschulkind sich nach einer Freundschaft mit einem anderen Kind sehnen kann.

Oft waren es rein äußerliche Merkmale: die Kleidung, die Ohrringe, der Pferdeschwanz oder die Schuhe. Gab es eine Neigung zu einem bestimmten Charakter? Später, vielleicht. Als Schulkind konzentriert man sich ohnehin meist auf die äußeren Merkmale. Wie kommt eine Freundin zur Schule, wird sie gebracht, geht sie von zu Hause zur Schule, kommt sie mit dem Auto oder dem Bus? Was für Eltern und Geschwister hat sie? Sie aßen immer frisches Weißbrot mit Butter und Streuseln zum Mittagessen…

Wie war es mit Ihren anderen Freunden in der Klasse? Gab es Eifersucht? Wollten Sie sie oder ihn ganz für sich allein haben? Was sagt das alles über Freundschaft aus?

ÜBUNG: Erinnerung und Vertiefung von Freundschaften im Kindergarten und in der Grundschule.

Auf der anderen Seite des Universums, gegenüber von Toon Hermans und doch im Einklang mit ihm, steht Friedrich Schillers Gedicht über die Freude, vertont in Beethovens neunter Symphonie. Darin wird auch die Freundschaft angesprochen.

Oh Freunde, nicht diese Töne!
Sondern lasst uns angenehmere anstimmen
und freudenvollere.
Freude! Freude!

Freude, schöner Götterfunken,
Tochter aus Elysium,
Wir betreten feuertrunken,
Himmlische, dein Heiligtum!
Deine Zauber binden wieder,
Was die Mode streng geteilt;
Alle Menschen werden Brüder,
Wo dein sanfter Flügel weilt.

Wem der große Wurf gelungen
Eines Freundes Freund zu sein;
Wer ein holdes Weib errungen
Mische seinen Jubel ein!
Ja, wer auch nur eine Seele
Sein nennt auf dem Erdenrund!
Und wer's nie gekonnt, der stehle
Weinend sich aus diesem Bund!

Freude trinken alle Wesen
An den Brüsten der Natur;
Alle Guten, alle Bösen
Folgen ihrer Rosenspur.
Küsse gab sie uns und Reben,
Einen Freund, geprüft im Tod.
Wollust ward dem Wurm gegeben,
Und der Cherub steht vor Gott.

Froh, wie seine Sonnen fliegen
Durch des Himmels prächt'gen Plan.
Laufet, Brüder, eure Bahn,
Freudig, wie ein Held zum Siegen.

Seid umschlungen, Millionen!
Diesen Kuß der ganzen Welt!

Brüder, über'm Sternenzelt
Muß ein lieber Vater wohnen.
Ihr stürzt nieder, Millionen?
Ahnest du den Schöpfer, Welt?
Such' ihn über'm Sternenzelt!
Über Sternen muß er wohnen.

Ode an die Freude, Friedrich Schiller

NOVALIS

Erinnern wir uns an unsere Freundschaften aus der Jugendzeit, aus der Pubertät. Ich glaube, dass in diesem Alter sehr reine Freundschaften geschlossen werden, während auf der anderen Seite das aufkeimende Lustleben das wiederum durchkreuzt.

Aristoteles unterscheidet drei Arten von Freundschaft. Die Freundschaft, die auf der Nützlichkeit der Freundschaft beruht - das bedeutet nicht unbedingt, dass man wirklich tiefe Sympathie füreinander hat, aber man hat etwas voneinander zu gewinnen. Dann die Freundschaft, die auf Begehren beruht, was natürlich Erotik und Sexualität einschließt, aber nicht ausschließlich. Natürlich kann man jemanden auch begehren, weil er etwa reich ist oder weil man sich durch ihn wertvoll fühlt. Es gibt eine ganze Palette von Möglichkeiten einer Freundschaft, die auf Begehren beruht. An sich gehören auch diese Freundschaften in die Zeit der beginnenden Geschlechtsreife. Die dritte Form der Freundschaft ist die schönste. Diese Freundschaft entsteht, wenn man als Freunde ein gemeinsames Ideal teilt, ein Streben nach Tugend, nach dem Guten, einen gleichgesinnten guten Willen. Diese Form der Freundschaft könnte gerade in der Adoleszenz eine wichtige Rolle spielen. Denn es ist die Zeit, in der Ideale bewusst werden und noch die tiefe Überzeugung besteht, dass die Wahrheit eine reale Möglichkeit ist. Wenn sich junge Menschen, die im 21. Jahrhundert heranwachsen, auf der Basis von Wahrheit, Schönheit und Güte begegnen würden, könnten reine Freundschaften fürs Leben entstehen.

Aber im 21. Jahrhundert gibt es viele Ablenkungen. Es gibt auch einen Trend zur Hoffnungslosigkeit, zur Ohnmacht unter jungen Menschen. Es werden die Ablenkungen gesucht, und ich muss nicht alles aufzählen, aber ich denke vor allem an Computerspiele, die man mit Freunden machen kann, und an Partys mit Drogen, die man auch mit Freunden machen kann. Man nennt diese Leute Freunde, aber die Frage ist, ob dieses Wort auf sie zutrifft.

Wenn man nun etwas älter ist, blickt man auf eine Zeit zurück, in der es noch keine Computerspiele gab, sondern in der der Drogenkonsum gerade aufkam. Es ist eine besondere Aktivität, seine Erinnerungen auf diese Zeit zu richten und zu versuchen, sich daran zu erinnern, welche Gefühle man mit welchen Gleichaltrigen hatte und mit wem man schließlich viel zusammen war, sodass man sagen könnte: Das ist mein Freund, das ist meine Freundin. Nicht der Freund im Sinne einer Liebesbeziehung, sondern die Freundin oder der Freund im Sinne einer Freundschaft.

Wenn Sie sich auf die Emotionen konzentrieren, werden Sie feststellen, dass eine Freundschaft in der Pubertät etwas ganz anderes ist als eine Freundschaft in der Grundschule. Natürlich ist auch dort von Verliebtheit und Lust die Rede, aber wenn man tiefer in die Gefühle eindringt, wird man sich daran erinnern, dass sie ganz anders waren als in der Pubertät. Dort spielen Begierden eine viel größere Rolle, die Nützlichkeit vielleicht nur gelegentlich. Zum Beispiel kann es sein, dass man sich mit jemandem anfreundet, der einem hilft, bessere Lernergebnisse zu erzielen, oder hilft, im Sport mehr zu leisten.

Aber meistens liegt die Entstehung der Freundschaft im Jugendlichenalter in der Begegnung selbst. Während man in der Grundschule die Freundschaft vielleicht eher aus einer gewissen Ehrfurcht vor dem Freund oder der Freundin heraus geschlossen hat, ist es hier viel mehr der Spaß, den man miteinander hat. Freundschaften können ein Leben lang halten, können auch in eine eheliche Beziehung übergehen, können auch vergessen werden. Aber versuchen wir uns daran zu erinnern, wer diese Menschen zu unserer Zeit waren und welche Gefühle wir mit ihnen hatten.

Die Art und Weise, wie Menschen miteinander umgehen und was sie erwarten, ist natürlich sehr unterschiedlich. Das gilt auch in der Pubertät. Es gibt Kinder, die sich dann schon gerne miteinander unterhalten, andere wollen lieber gemeinsam etwas unternehmen, wieder andere feiern lieber gemeinsam... Es gibt eine gewisse Anziehungskraft, die aufgrund von ähnlicher Einstimmung eine Rolle spielt, aber es ist gut, sich zu fragen: War das jetzt das, was ich unter Freundschaft verstehe? Ich habe keine Definition von Freundschaft, aber ich habe eine gefühlte Definition davon, was Freundschaft ist. Kann man in der Pubertät schon von echter Freundschaft sprechen, und was ist, wenn aus dieser Freundschaft sozusagen eine Liebesbeziehung wird? Oder wenn sich die Liebesbeziehung tatsächlich als Freundschaft entwickelt? Das sind Fragen, die man sich stellen sollte, wenn man das Phänomen der Freundschaft besser kennenlernen will, um dadurch vielleicht auch ein besserer Freund zu werden.

Die verschiedenen Formen der Freundschaft können auch ineinander übergehen. Es kann durchaus sein, dass man eine Freundschaft zunächst aus Nützlichkeitsgründen annimmt, nämlich dass man in einer großen Klasse von Schülern nicht ganz allein ist. Später stellt sich vielleicht heraus, dass man eine Verbindung zueinander hat, die sozusagen aus der Ewigkeit zu kommen scheint, dass man sich versteht, dass man sich an den gleichen Dingen erfreuen kann - auch wenn man so unterschiedlich ist wie Nord und Süd.

In ähnlicher Weise kann sich natürlich auch in einer Freundschaft, die auf Sehnsucht beruht, z. -B. der Sehnsucht, dieses Mädchen als Freundin zu haben, weil sie so hübsch und so nett ist, eine Beständigkeit in einer solchen Liebesbeziehung entwickeln, die die Stürme der Jahre überdauert.

Oft vergehen auch Freundschaften aus der Kindheit, sie waren nützlich, sie basierten auf Begehrlichkeiten oder es herrschte vielleicht sogar eine gewisse Einigkeit über die Wahrheit... Doch wenn sich Freunde und Freundinnen aus den Augen verlieren, besteht oft kein Bedürfnis, miteinander in Kontakt zu treten.

ÜBUNG: Erinnerung und Vertiefung von Freundschaften in der Adoleszenz.

Was genau ist Freundschaft? Toon Hermans hat versucht, dies in einem Gedicht auszudrücken. Das folgende Gedicht zeigt uns eine gereifte Vision von Freundschaft, die in höhere Gefilde reicht und alle drei Formen der Freundschaft umfasst, um schließlich im höheren Ursprung des *Ich und Du* ihre Verwirklichung zu finden.

Was paßt, das muß sich ründen,
Was sich versteht, sich finden,
Was gut ist, sich verbinden,
Was liebt, zusammen sein.
Was hindert, muß entweichen,
Was krumm ist, muß sich gleichen,
Was fern ist, sich erreichen,
Was keimt, das muß gedeihn.

Gib traulich mir die Hände,
Sei Bruder mir und wende
Den Blick vor Deinem Ende
Nicht wieder weg von mir.
Ein Tempel – wo wir knien –

Ein Ort – wohin wir ziehen
Ein Glück – für das wir glühen
Ein Himmel – mir und dir.

Friedrich von Hardenberg (Novalis), 1772-1801

GOETHE UND SCHILLER

Vermutlich weiß jeder Erwachsene, was Freundschaft ist. Die Tatsache, dass dieses Wort auch für Beziehungen verwendet wird, die etwas ganz anderes als Freundschaft sind, bedeutet nicht, dass nicht jeder weiß, was wahre Freundschaft ist. Deshalb sind solche Gedichte so reizvoll, weil sie so vertraut und so wahr sind, dass man sagt: Ja, so ist es! Aber wenn man sich dann selbst fragt, um zum Beispiel aufzuschreiben, was man unter Freundschaft versteht, wird es sehr schwierig.

Es gibt Menschen, die haben viele Freunde, andere haben nur ein paar, manchmal hat jemand nur einen. Wenn man viele Freunde hat, bedeutet das nicht, dass man dann ein Talent für Freundschaft hat. Es kann sehr gut sein, dass die Beziehung zu diesen Freunden nicht auf echter Freundschaft beruht, sondern auf Nebeneffekten der Freundschaft, während die echte Freundschaft nicht vorhanden ist. Vielleicht ist derjenige, der nur einen einzigen Freund hat, besser zur Freundschaft fähig als derjenige, der so viele Freunde hat. Das soll natürlich nicht dazu führen, dass man sagt: Jemand mit vielen Freunden kennt keine Freundschaft, oder jemand mit einem Freund kennt Freundschaft. Immerhin kennen wir einen Diktator aus dem letzten Jahrhundert, der in seiner Jugend einen einzigen Freund hatte … da fragt man sich schon, was das für eine Beziehung war…

Was ist Freundschaft?

Wir alle wissen es und keiner von uns kann es aussprechen, auch ich nicht. Wir können nur versuchen, durch das Bewusstwerden der Beziehung, die wir zu bestimmten

Menschen haben, wovon man weiß: Das ist Freundschaft! -, die Gefühlsbedeutung von Freundschaft ins Bewusstsein zu bringen. Wann erleben wir jemanden als Freund oder Freundin? Es kann sein, dass man mit jemandem, den man gut kennt, in den Urlaub fährt, beide aus dem Wunsch heraus, nicht allein in den Urlaub fahren zu müssen. Zwei Frauen fahren zusammen in den Urlaub, weil sie sonst niemanden haben. Das tägliche Leben wird dann sehr intim. Man bekommt es mit dem normalen Leben dieser Person zu tun, von der man vielleicht dachte: Das ist mein Freund. Man wird mit dem alltäglichen Verhalten dieser Person konfrontiert und stellt vielleicht fest, dass man für die Person, die man vor dem Urlaub als Freund bezeichnet hat, überhaupt keine Freundschaft empfindet. *Wenn man jemanden kennenlernen will, muss man mit ihm in den Urlaub fahren.* Natürlich kann man sich auch auf andere Art und Weise kennenlernen, aber es scheint eine Weisheit darin zu liegen. Wenn man wirklich befreundet ist, dann stört einen das gewöhnliche Leben nicht, dann stören einen die alltäglichen Reaktionen nicht, dann ist es, als ob alles, was der andere an Eigenschaften hat, harmonisch mit dem eigenen gewöhnlichen Leben und den eigenen Reaktionen übereinstimmt. Man stellt überdies fest, dass die andere Person auch keinen Anstoß an Ihnen nimmt. Das scheint mir eine notwendige Grundlage für Freundschaft zu sein. Ich glaube, dass das äußere Erscheinungsbild keine Rolle spielt, ob jemand schön oder hässlich ist, spielt in einer Freundschaft keine Rolle. Natürlich kann man es mögen, wenn man mit einem gut aussehenden Freund ausgeht, aber für die Freundschaft an sich hat das keine Bedeutung. Eine Freundschaft kann mit einer Vertrautheit im Alltag beginnen. Wenn man mit seinem Mitmenschen im Alltag nicht vertraut sein kann, hat eine Freundschaft wenig Chancen, und es ist schon jetzt klar, dass dieser gewohnte Alltag eine Freundschaft nicht erzwingbar macht. Man kann denken, dass man mit diesem und jenem unbedingt befreundet sein sollte, aber wenn einen das gewöhnliche Leben abstößt, die Art und Weise, wie jemand im Alltag mit den Dingen umgeht, dann wird eine Freundschaft sehr schwierig. Eine echte Freundschaft führt zwar dazu, dass man oft zusammen sein möchte, aber sie muss nicht bedeuten, dass man heiratet oder zusammenlebt. Ich spreche hier nicht von der Liebesbeziehung, sondern von der *Freundschaft*. Aber wenn Freundschaft bedeutet, dass man gerne zusammen ist, dann sollte man diese Zweisamkeit auch genießen. Wenn man sich ständig über die Kleinigkeiten des Alltags ärgert, dann fehlt die Grundlage für eine Freundschaft.

Wenn man ganz auf die andere Seite schaut, vom hohen geistigen Ideal der Freundschaft aus, kann man sagen: Wenn man von dort aus Freundschaft schließt, steigt diese Kraft hinab in das Gefühlsleben und schließlich auch in das Gewohnheitsleben, sodass man auch dann, wenn das Gewohnheitsleben nicht angenehm ist, darüber hinwegkommt und die Freundschaft pflegt - auch wenn das Bedürfnis, zusammen zu sein, weniger stark sein wird. Man kann sich vorstellen, dass man im Bereich der Lebensideale, der Wissenschaft, der Kunst, einig ist, aber im Alltag völlig unterschiedliche Lebensstile hat. Dann kann man seine Freundschaft pflegen, indem man zusammen essen geht oder ein Konzert besucht oder ein gutes Gespräch führt - aber man wird nicht zusammen in den Urlaub fahren. Die Frage ist, ob es dann eine Freundschaft geben kann. Freundschaft reicht von der Sympathie für jemanden bis hin zu den tiefsten Neigungen und der höchsten Weisheit. Wahre Freundschaften werden daher geschlossen oder fortgesetzt, wenn man reif ist, wenn man Zugang zu einem wachsenden Bewusstsein von Weisheit, Schönheit und Stärke hat. In diesen Bereichen wird jede Freundschaft wirklich. Es ist etwas ganz Besonderes, wenn zwei Menschen eine Freundschaft schließen.

Das klassische Beispiel ist die Freundschaft zwischen Goethe und Schiller. Ich habe das schon oft erwähnt, weil es eine Freundschaft zwischen zwei Menschen war, die nicht uneingeschränkt füreinander empfänglich waren. Goethe war ein großer Geist, berühmt. Schiller war eher ein revolutionärer Geist und vielleicht etwas berüchtigt. Goethe mochte das Revolutionäre nicht und fand auch, dass Schiller zu abstrakt war. Dieser litt darunter, aber sie kannten sich und gingen sich aus dem Weg. Dann aber trafen sie sich einmal bei einem Vortrag und waren gemeinsam unzufrieden mit dem, was der Vortragende vorgetragen hatte. Sie kamen nach der Vorlesung darüber ins Gespräch und Goethe ging mit ihm zu Schillers Haus, der ihn hereinbat. So überbrückte die Weisheit, die in beiden lebendig war, die Kluft. Sie vergaßen die Widersprüche, die es gab, bis das Gespräch auf den Unterschied zwischen Idee und Wirklichkeit kam. Schiller war ein Anhänger von Kant und hegte die Vorstellung, dass die Wirklichkeit ein unerkennbares ‚Ding an sich' sei. Goethe hingegen sah in der Wirklichkeit die Idee. Das kam zur Sprache, und für einen Moment kam Goethes alte Irritation wieder zum Vorschein, als Schiller zu Goethes Zeichnung der Urpflanze sagte: Ja, aber ist das nicht nur eine Idee? Aber Goethe überwand das und sagte: Dann bin ich froh, wenn ich Ideen mit Augen sehen kann. So haben sie sich gefunden, und sie haben sich gefunden in der Erkenntnis, dass die Bildung des Menschen zu ihrer Zeit mangelhaft war und dass sie beide genau wussten, was mangelhaft war. Das brachte sie zusammen und war die Grundlage für die reinste Freundschaft. Aber das war keine

Freundschaft, in der sie gemeinsam in den Urlaub fuhren oder in allen Lebensbereichen einer Meinung waren. Es war die höchste Form der Freundschaft, die schließlich in die Schichten einsickerte, in denen die ursprüngliche Irritation gelebt hatte.

Wenn Sie Goethes Beschreibung von Schillers Schädel lesen - Schiller starb vor Goethe -, dann lesen Sie in dieser Beschreibung die grenzenlose Liebe zu dem Mann, der diesen Schädel hatte. Das ist Freundschaft.

Im ernsten Beinhaus war's, wo ich beschaute,
Wie Schädel Schädeln angeordnet paßten;
Die alte Zeit gedacht ich, die ergraute.
Sie stehn in Reih' geklemmt, die sonst sich haßten,
Und derbe Knochen, die sich tödlich schlugen,
Sie liegen kreuzweis zahm allhier zu rasten.
Entrenkte Schulterblätter! was sie trugen,
Fragt niemand mehr, und zierlich-tät'ge Glieder,
Die Hand, der Fuß, zerstreut aus Lebensfugen.
Ihr Müden also lagt vergebens nieder,
Nicht Ruh' im Grabe ließ man euch, vertrieben
Seid ihr herauf zum lichten Tage wieder,
Und niemand kann die dürre Schale lieben,
Welch herrlich edlen Kern sie auch bewahrte.
Doch mir Adepten war die Schrift geschrieben,
Die heil'gen Sinn nicht jedem offenbarte,
Als ich inmitten solcher starren Menge
Unschätzbar herrlich ein Gebild gewahrte,
Daß in des Raumes Moderkält' und Enge
Ich frei und wärmefühlend mich erquickte,
Als ob ein Lebensquell dem Tod entspränge.
Wie mich geheimnisvoll die Form entzückte!
Die gottgedachte Spur, die sich erhalten!
Ein Blick, der mich an jenes Meer entrückte,

Das flutend strömt gesteigerte Gestalten.
Geheim Gefäß! Orakelsprüche spendend,
Wie bin ich wert, dich in der Hand zu halten,
Dich höchsten Schatz aus Moder fromm entwendend
Und in die freie Luft zu freiem Sinnen,
Zum Sonnenlicht andächtig hin mich wendend.
Was kann der Mensch im Leben mehr gewinnen,
Als daß sich Gott-Natur ihm offenbare ?
Wie sie das Feste läßt zu Geist verrinnen,
Wie sie das Geisterzeugte fest bewahre.[1]

Zum Thema Schillers Schädel, Johann Wolfgang von Goethe (1749 - 1832)

[1] Natürlich kenne ich die DNA-Forschung von 2008, die zeigen sollte, dass dies nicht Schillers Schädel war. Sie sagt mir nichts und widerlegt die Freundschaft zu Goethe nicht.

MARTIN BUBER

Um am Ende des Buches besser zu wissen, was Freundschaft ist, als am Anfang, mache ich eine Wanderung durch die vielen Ideen, die mit Freundschaft zu tun haben. Die Philosophie von Martin Buber hat mich immer sehr fasziniert. Er stellt *die Frage nach dem Menschen* im frühen 20. Jahrhundert, und mit dieser Frage kommt die Frage nach der Begegnung.

In einem Zeitungsartikel, einem Interview mit Martin Buber, habe ich gelesen, dass er die Begegnung nicht als selbstverständlich leicht empfunden hat. Vielleicht hat die *Ich-Du-Philosophie* gerade deshalb eine solche Tiefe, weil sie nicht selbstverständlich leicht ist. Er entwickelt die Idee der Dreiheit von *Ich*, *Du* und *Es*. Die Beziehung zwischen diesen dreien bestimmt die Qualität der Begegnung.

Er sieht das große Ideal des Menschen im *Ich und Du*. Das lernt man am besten in der Begegnung mit dem Mitmenschen, der auch ein Ich ist, der aber für das Ich des anderen ein Du ist. Das Schrecklichste in der Dreiheit ist, wenn der Mensch zum *Es* gemacht wird, wenn der Mensch, der Mitmensch, nicht als gleichwertiges Ich, das zum Du geworden ist, weil es ein anderes ist, betrachtet und behandelt wird, sondern als ein *Ding*, als *Es*. Dann ist der Tiefpunkt der Begegnungsmöglichkeiten erreicht.

Im Idealfall hingegen wird nicht nur der Mitmensch zum Du des Menschen, sondern *die ganze Welt* wird als *Du* erfahren. Würde man diesen Standpunkt mit Hilfe der Mystik erhöhen, dann könnte man sich außerhalb seiner selbst aufstellen und sein eigenes Ich zu einem Du machen, das zum Reich aller anderen gehört, die auch Du sind. Dann ist der Egoismus überwunden. Ob Martin Buber so weit gegangen ist? Ich glaube nicht. In seinem Buch über *Ich und Du* wird deutlich, dass er in der Begegnung die Möglichkeit sieht, dass man in dem anderen, der ein Du ist, eine Gleichwertigkeit für das eigene Ich sieht, und dass in diesem Moment Ich und Du miteinander vereint werden, verschmelzen, zu einem Wir verschmelzen.

Es gibt wunderbare Textstellen in diesem Buch, das Teil des Buches *Das dialogische Prinzip* ist. Es ist eine Philosophie des Dialogs, des Gesprächs sozusagen, aber des Gesprächs, in dem auch Stille möglich ist. So wird eine Situation geschildert, in der zwei Menschen, die sich nicht kennen, zusammen auf einer Bank in der Einsamkeit der Natur sitzen. Zunächst sind sie zwei isolierte Menschen; sie sprechen auch nicht miteinander. Doch plötzlich beginnt das Du des anderen Wirklichkeit zu werden und verwebt sich mit dem eignen Ich. Dann ist die Trennung zwischen Ich und Du aufgelöst.

„Und nun stellen wir uns vor, daß dies eine der Stunden ist, die es fertigbringen, die sieben Eisenbande um unser Herz aufzubrechen - löst sich unversehens der Bann. Aber auch jetzt spricht der Mann kein Wort, rührt keinen Finger. Dennoch tut er etwas. Die Lösung hat sich ohne sein Tun an ihm ereignet, gleichviel woher, jetzt aber tut er dies, daß er einen Rückhalt, über den nur er selber Macht hat, in sich aufhebt. Rückhaltlos strömt die Mitteilung aus ihm, und das Schweigen trägt sie zu seinem Nachbarn, dem sie ja doch zugedacht war und der sie, wie alles echte Schicksal, das ihm begegnet, rückhaltlos aufnimmt. Er wird niemand, auch nicht sich selbst, erzählen können, was er erfahren hat. Was ‚weiß' er nun vom andern? Es bedarf keines Wissens mehr. Denn wo Rückhaltlosigkeit zwischen Menschen, sei es auch wortlose, gewaltet hat, ist das dialogische Wort sakramental geschehen.“

Martin Buber (1878 - 1965), *Zwiesprache*

Das könnte man mit allen Menschen haben, das ist dann nicht Freundschaft mit jedem, sondern das ist ein gewisser innerer Wille, der sich dann in jeder Begegnung durchsetzt und die Begegnung zu einem mystischen Ereignis macht, das Ewigkeitswert hat. In einer wahren Freundschaft kann man erwarten, dass dies ganz natürlich geschieht, dass dies das Kennzeichen der Freundschaft ist, dass man, wenn man zusammen ist, nicht das eine Ich und das andere Ich bleiben, sondern dass man in der Interaktion *Ich und Du* wird, wodurch alle in sich geschlossene Ichhaftigkeit in ein Du zu fließen beginnt.

Die Frage ist: Kann man das auch in die Hand bekommen, oder ist das etwas, das vom Schicksal bestimmt wird, bei einem Menschen ja, bei einem anderen Menschen nein?

Wenn Sie wie ich einen Beruf ausgeübt haben, in dem Sie viel mit Menschen gearbeitet haben, wenn Sie eine Sprechstunde hatten, in der Sie unzählige Menschen für einen Kontakt über ihre Gesundheit getroffen haben, dann kennen Sie den Unterschied sehr gut. Sie können das ganz sachlich angehen, dann ist der andere ein Fall, ein *Es*. Sie können sich auch in das Du des anderen hineinversetzen. Die meisten Menschen sind dafür empfänglich, einige wenige wehren sich mit aller Kraft - und die muss man dann meist gewähren lassen, weil sie es so wollen.

Die meisten Menschen wollen sich gar nicht wehren, sie wollen eine wirkliche Begegnung mit einem Arzt haben, gerade mit einem Arzt, damit sie, wenn sie wieder nach Hause gehen, mit der Überzeugung nach Hause gehen: Ich bin gesehen und gehört und verstanden worden. Das ist eine Form der Freundschaft, die sich auch im Berufsleben entwickeln kann, auch wenn man sich vielleicht nur einmal gesehen hat.

Wenn Sie ein Arzt sind, der selbst ein Es bleiben will, werden Sie zu all Ihren Patienten eine Es-Beziehung haben. Es sei denn, unter Ihren Patienten befindet sich gelegentlich ein *Ich-und-Du-Künstler*, der es schafft, das *Es* in ein *Du* zu verwandeln. Vielleicht spüren Sie dann zum ersten Mal, was menschliches Leben eigentlich ist, und lassen sich dann bekehren. Dasselbe kann auch andersherum passieren. Sie haben vielleicht einen Patienten, der in seinen Es-Bedürfnissen verschlossen ist, sich aber in einem unbewachten Moment kurz wie ein *Du* gefühlt hat. In diesem unbewachten Moment kommt die wahre Menschlichkeit zum Vorschein, und kein Mensch hat kein Bedürfnis nach ihr. Die Es-Bedürfnisse beruhen meist auf Einsamkeit und Angst. Man kann nie jemanden dazu zwingen, sich von einem *Es* in ein *Du* zu verwandeln, aber manchmal geschieht ein Wunder. Vielleicht sind das die heilsamsten Momente im Leben eines Arztes.

ÜBUNG: Vertiefung des ICH UND DU
Es ist eine Freundschaft, wie sie Martin Buber so schön beschrieben hat, zum Beispiel in dem folgenden Zitat:

„Nur das Wesen, dessen Anderheit, von meinem Wesen angenommen, ganz existenzdicht mir gegenüberlebt, trägt mir die Strahlung der Ewigkeit zu. Nur wenn Zwei mit allem, was sie sind, zueinander sagen: ‚Du bist es!', ist die Einwohnung des Seienden zwischen ihnen.“

Martin Buber (1878 - 1965), *Das dialogische Prinzip*

Wir haben unsere Freundschaften aus der Kindheit, der Schulzeit und der Jugendzeit betrachtet. Jetzt wollen wir uns fragen, wie es im Erwachsenenalter aussieht: Wer ist jetzt mein wahrer Freund oder meine wahre Freundin? Mit wem habe ich wahre Freundschaft?

ÜBUNG: Wer ist mein bester Freund?

Wir können die Merkmale dieser Freundschaft in unser Bewusstsein bringen. Am besten schreibt man sie dann auf und gibt sich nicht so leicht zufrieden. Was lässt mich diese Person als meinen besten Freund erleben? Wenn man das so macht, kommt man der Erkenntnis, was Freundschaft ist, schon viel näher.

Welche Eigenschaften werden die meisten Menschen finden, wenn sie über das Wesen der Freundschaft mit ihrem besten Freund nachdenken? Das wichtigste Merkmal einer Freundschaft ist wahrscheinlich die *Treue.* Diese ist bedeutsam, denn es geht nicht nur darum, dass man einander Freund bleibt, wenn man es einmal ist, sondern auch darum, *wie* treu man als Freunde zueinander ist. Ich würde sagen, das Herzstück der besten Freundschaft ist die absolute Überzeugung, dass man dem anderen voll und ganz vertrauen kann und dass nichts zwischen euch kommen kann, was dieses Vertrauen enttäuschen könnte. Natürlich geht es nicht nur um äußere Ereignisse, sondern vor allem um innere Treue. Wenn Sie Klatsch und Tratsch über Ihren Freund oder Ihre Freundin hören, werden Sie nicht erschüttert, Sie fangen nicht an zu zweifeln, sondern Sie setzen sich mit aller Kraft für ihn oder sie ein, weil Sie vom guten Willen der anderen Person, die Sie durch dick und dünn verteidigen werden, vollkommen überzeugt sind. Eine Freundschaft zerbricht, wenn diese Treue gebrochen wird. Natürlich kann man danach immer noch miteinander umgehen, aber irgendetwas ist zerbrochen, und es wird viel Mühe kosten, es wieder in Ordnung zu bringen. Das gilt nicht nur für Umstände, die andere Menschen betreffen, sondern auch für die Beziehung zwischen beiden. Treue bedeutet, nicht zu wanken, den Respekt, die Wertschätzung für den anderen zu bewahren, auch wenn man Meinungsverschiedenheiten hat - und das ist unter Menschen natürlich unvermeidlich. Man kann auch nicht erwarten, dass es keinen Ärger geben wird, dass es nie eine Falte in einer geglätteten Leinwand geben wird. Man begegnet einander, ist miteinander vertraut. Perfekt ist man selbst auch nicht, also kann man nicht erwarten, dass man sich immer perfekt verhält. Würde die andere Person dies erwarten, wäre sie kein Freund. Freundschaft bedeutet, dass die Schwächen des anderen keine Rolle spielen, dass man sie als Teil einer Gesamtpersönlichkeit erlebt, für die man freundschaftliche Treue empfindet und das Gleiche von der anderen Person erwartet. Ich glaube, das ist das Wichtigste, was man in Worte fassen kann. Denn wenn man so tief in das Wesen der wahren Freundschaft mit jemandem eindringt, stößt man früher oder später auf ein Rätsel. Dieses Rätsel besteht darin, dass, wenn man alles über die Freundschaft mit dem anderen herausgefunden hat, etwas Unbeschreibliches übrigbleibt, von dem man erfährt: *Das ist es* eigentlich, worum es in dieser Freundschaft geht. Alles andere, auch die Treue, ist eine Ode an dieses Rätsel. Damit sind wir wieder bei dem Rätsel der menschlichen Persönlichkeit, das sich aus der Summe der Phänomene nicht vollständig verstehen lässt. Je tiefer man in das Bewusstsein der Freundschaft mit dem besten Freund eindringt, desto unverständlicher wird die treibende Kraft in dieser Freundschaft. Man kann mit Aristoteles nach der Nützlichkeit dieser Freundschaft, nach dem Vergnügen in dieser Freundschaft, nach den Idealen in der Freundschaft suchen, und man findet vielleicht eine enorme Fülle davon. Aber ist das wirklich alles? Nein, das Rätsel ist der *Träger all dieser Eigenschaften*, die man nicht mit all diesen Merkmalen zusammenfassen kann. Es geht weit darüber hinaus, es lässt sich nicht in einer Liste erfassen, und es ist genau das, worauf es ankommt! Das bringt uns zurück zu Martin Buber. Es muss *das Wesen* des anderen sein, zu dem der andere „Ich" sagt und der vielleicht selbst den Schlüssel zum Rätsel noch nicht kennt. Gemeinsam, in der Freundschaft, ist man dabei, diesen Schlüssel zu finden. Das ist es, was eine Freundschaft so faszinierend macht, dass sie ein Rätsel ist, zwei Rätsel, die sich gegenseitig lösen wollen und dabei auch sich selbst lösen: *mich und dich.*

Miteinander plaudern und lachen,
sich gegenseitig Gefälligkeiten erweisen,
gemeinsam schöngeistige Bücher lesen,
einander bald necken, bald Achtung bezeugen,
bis weilen Meinungsverschiedenheiten austragen,
aber ohne Haß, wie man ja auch wohl mit sich selber uneins ist, durch den nur selten vorkommenden Streit
die sonst meist bestehende Übereinstimmung würzen,
einander belehren und voneinander lernen,
die Abwesenden schmerzlich vermissen,
die Rückkehrenden freudig begrüßen,
durch solche und ähnliche Zeichen,
wie sie in Liebe und Gegenliebe,
durch Kuß, Rede, Blicke und tausend freundliche Gebärden
sich kundtun, die Herzen in Glut versetzen
und die vielen zur Einheit verschmelzen.

Das ist's, was man an Freunden liebt und dermaßen liebt, daß man sich Gewissensvorwürfe machte, wollte man nicht Liebe mit Gegenliebe, Gegenliebe mit Liebe vergelten, wollte man vom andern noch Greifbareres verlangen als solche Beweise des Wohlwollens. Daher diese Trauer, wenn einer stirbt, diese Finsternis des Jammers, dies Siechtum des Herzens, dessen Wonne in Bitterkeit verkehrt ist, aus dem hingestorbenen Leben der Abgeschiedenen entspringend dieses Todes weh der Überlebenden. Selig, wer dich liebt, in dir seinen Freund und um deinetwillen auch den Feind! Er allein verliert keinen, der ihm lieb ist, da er alle in dem Einen liebt, der nie verloren gehen kann.

Augustinus (354 - 430), *Bekenntnisse*, 4. Buch

EIN FREUND EINES FREUNDES SEIN

Wir haben also die Quelle für eine Freundschaft im Ich und Du gefunden, die auf Gegenseitigkeit beruht, eine Anziehungskraft, die zu ewiger Freundschaftstreue führt. Die nächste Frage lautet nun: Was sind wir selbst bereit und fähig zu tun, um der Freund eines Freundes zu sein? Ich werde das Wort Freund von nun an geschlechtsneutral verwenden, wie es auch im Wort ‚Freundschaft' verwendet wird, dann sagen wir auch nicht *Freundschaft* oder *Freundinschaft*. Außerdem kommt Freundschaft auch zwischen Männern und Frauen vor, was soll man dann sagen? Ich spreche von Freund und meine damit die echte Freundschaftsbeziehung, die zwischen Menschen bestehen kann, ohne dass das Geschlecht eine Rolle spielt.

Was wollen wir tun, um ein Freund seines Freundes zu sein?

Zweifellos wollen wir sicherstellen, dass es eine nützliche Freundschaft ist, dass die andere Person etwas davon hat; auch dass die Freude an der Freundschaft eine Rolle spielt, dass wir uns gemeinsam wohl fühlen und glücklich sind. Aber das ist natürlich nicht die Aktivität, von der eine wahre Freundschaft lebt.

Was möchte man der anderen Person bedeuten?

ÜBUNG: Wie kann ich ein bester Freund sein?

In erster Linie wird das ein vollständiges Hinnehmen der Gesamtpersönlichkeit sein, einschließlich all ihrer großen und kleinen Fehler. Wahre Freundschaft erfordert Nachsicht gegenüber einem störenden Charakterzug, und zwar so, dass man ihn mit einem Augenzwinkern in die Liebe zur Gesamtpersönlichkeit einordnen kann. Dadurch fühlt sich der andere völlig wohl, und man braucht keine Verurteilung zu befürchten, weil sie unmöglich ist.

Was es wohl gibt, ist eine wachsende Selbsterkenntnis, denn die Freunde lernen sich gegenseitig immer besser kennen. Das, was in dem anderen an Wissen über den einen aufleuchtet, ist auch eine wachsende Selbsterkenntnis in dem einen. Man könnte es auch *Verständnis füreinander* nennen, aber dies geht über das Verstehen hinaus. Hier ist das Herz beteiligt, um alles zu empfangen, was der andere zu geben hat. Das heißt wiederum nicht, dass man niemals Kritik äußern sollte, aber in der Freundschaft wird solche Kritik nicht schmerzhaft sein und es wird so sein, als ob man aus eigenem Willen zur Selbsterkenntnis kommt. Vielleicht nicht sofort - meist gibt es einen Prozess, in dem so etwas wie Streit, Zank, Uneinigkeit entsteht - aber die Liebe zueinander trägt die Freunde hindurch, und wenn sie die Berge und Täler der Unbeholfenheit überwunden haben, scheint die Sonne der Freundschaft noch heller.

Was will ich meinem Freund sein? Das unbegrenzte Interesse an den Höhen und Tiefen. Zusammengefasst von Toon Hermans in: Wenn du jemanden hast, der mit dir lacht und mit dir weint, hast du einen Freund. Das ist der Ausdruck der Sympathie. Aber in der Freundschaft erstreckt sich diese Sympathie auf das gesamte Wesen des Freundes.

Man hat eine Freundschaft, weil man den anderen für das liebt, was er ist, nicht weil er etwas repräsentiert oder tut. Aber man befindet sich gemeinsam in einem Prozess der Selbsterkenntnis und man entwickelt sich.

Im vorigen Kapitel habe ich gesagt: Man löst sich gegenseitig. Das Rätsel, das Sie sind und das der andere ist, wird von euch beiden gelöst. Das ist die Vertrautheit in der Freundschaft und das ist die Entwicklung in der Freundschaft.

Aber Freundschaft besteht nicht nur darin, dass man zusammen am Tisch sitzt und tiefe Gespräche führt. Freundschaft besteht auch darin, hart durchzugreifen, wenn eine Katastrophe eintritt. Das wiederum ist etwas ganz anderes, als ein nützlicher Freund zu sein. Das sind Sie vielleicht, aber nützlich ist hier nicht das richtige Wort. In der Not will man bis zum Äußersten helfen, und wenn man die Möglichkeit dazu hat, will man so weit gehen, dass man dafür vorübergehend sein eigenes Leben vergisst.

Solche Dinge passieren manchmal, auch wenn keine Freundschaft zwischen Menschen besteht. In Stadt Leiden fuhr eine Frau mit ihrem Auto in einen Kanal, wobei das Auto kopfüber im Wasser lag. Ein Student sah dies von seinem Studentenzimmer aus und rannte hinunter. Es war eiskalt. Er sprang in das buchstäblich frierende Wasser und zog die Frau mit einiger Mühe heraus. Die Scheibe des Autos musste gewaltsam eingeschlagen werden. Die Frau war einen Moment später unverletzt am Ufer.

Das ist ein Bild für Freundschaft. Diese Leute kannten sich überhaupt nicht, aber der Junge tat das, was man für seinen besten Freund tun würde.

Wahre Freundschaft geht so weit, dass man bereit ist, in die physische Existenz einzugreifen, um den Freund zu retten, wenn er in Not ist. In wahrer Freundschaft kommen alle Werte des Lebens nicht nur zum Tragen, sondern werden auch *miteinander gelebt*, weshalb sich die großen Geister der Geschichte fast immer auch zur Freundschaft geäußert haben.

Freundschaft ist ein Geheimnis, aber auch das bekannteste Glück, das ein Mensch in seinem Leben hat.

In diesem Buch versuchen wir, Licht in dieses Geheimnis zu bringen, ohne dass das Geheimnisvolle durch das Licht verloren geht.

„Liebt jeden mit der Liebe einer wahren, starken Nächstenliebe, aber schenkt eure Freundschaft nur den Menschen, mit denen ihr gute Dinge, Tugenden, austauschen könnt. Und je wertvoller die ausgetauschten Tugenden sind, desto mehr wird auch eure Freundschaft an Wert gewinnen. Wenn zum Beispiel die Wissenschaft das gemeinsame Interesse eurer Freundschaft ist, dann ist sie schon sehr schön. Noch schöner wäre es natürlich, wenn ihr gemeinsam die Tugenden Klugheit, Bescheidenheit, Stärke und Gerechtigkeit praktizieren würdet."

François de Sales (1567 - 1622), *Philothée*

WAS ERWARTE ICH VON EINEM FREUND?

Bei dieser Frage könnte man denken, dass man wieder das Gleiche sagen könnte, wie bei der Frage: Wie kann ich ein Freund eines Freundes sein?

Aber das würde bedeuten, dass man noch kein echter Freund ist.

Ein wahrer Freund erwartet in der Freundschaft das Äußerste von sich selbst, aber gar nichts von dem Freund.

ÜBUNG: Über die Wünsche in der Freundschaft nachdenken

Wir haben gesehen, dass man, wenn man über die Qualitäten der Freundschaft mit seinem besten Freund nachdenkt, diese Freundschaft nicht mit physischen Äußerlichkeiten zusammenfassen kann, mit Vergnügungen, Übereinstimmung der Gefühle, Übereinstimmung der Ideale, der Art und Weise, wie man Dinge tut, was jemand bereit ist, für einen zu tun. All dies bezieht sich nur auf die eigentliche Grundlage der Freundschaft, die in gewisser Weise ein Geheimnis bleibt, denn es ist das unsagbare Wesen des anderen, auf dem die Freundschaftsliebe beruht.

Ein Kennzeichen der allerbesten Freundschaft ist die Gewissheit, dass diese Liebe für das Wesen auf Gegenseitigkeit beruht. Es gibt keine Freundschaft, die nur in eine Richtung geht. Das mag in der Liebe so sein, aber in der Freundschaft beruht die Freundschaft genau auf Gegenseitigkeit. So kommt man also an eine Grenze mit dem Unaussprechlichen. Man erfährt das Wesen des anderen, obwohl man es, wenn es Worte dafür gäbe, immer mit der Freude, der Übereinstimmung von Gefühlen und Idealen und so weiter ausdrücken würde, während das nicht das Wesen ist. Wenn man sich dann fragt, was man von diesem besten Freund in der Freundschaft erwartet, sollte es sich eigentlich auf den Wunsch beschränken, dass dieser Freund sein Wesen mit dir teilt, so dass das Ich ein Du und das Du ein Ich wird. In der Tat braucht man in wahrer Freundschaft nichts anderes, denn daraus ergeben sich all die herrlichen Eigenschaften wahrer Freundschaft.

Natürlich erwartet man diese glorreichen Eigenschaften, aber eigentlich sollte man in dem Vertrauen leben, dass die andere Person sich einem wirklich offenbaren will und dass man das Gleiche von ihr verlangt. Das bedeutet eine Offenheit, die im Leben mit gewöhnlichen Bekannten nicht gegeben ist. Da muss man immer mit Machtverhältnissen rechnen, mit denen man sowieso umgehen können muss, so ist das eben im menschlichen Leben.

In wahrer Freundschaft haben die Machtverhältnisse ein Ende. Es gibt kein Mehr oder Weniger, es gibt keinen Wettbewerb, es gibt keine Notwendigkeit, etwas zu leisten, es gibt nur das Bedürfnis, das Wesen des anderen in seiner Offenbarung anzunehmen. In der Tat ist jeder Augenblick in der Begegnung mit einem wahren Freund darauf ausgerichtet. Es gibt einen Durst nach dem Wesen des anderen, und wenn man zusammen ist, kann der Durst gestillt werden, aber man wird sich immer bewusst sein, dass es ein wechselseitiger Prozess ist. Wenn also der Durst nicht gestillt wird, dann liegt das zum Teil daran, dass man selbst nicht in der Lage ist, den anderen in voller Offenheit so sein zu lassen, wie er oder sie ist. Das bedeutet, dass alle Formen des Urteils, des Ärgers, der Besserwisserei, usw. verstummen, wenn man mit einem wahren Freund zusammen ist.

Selbst wenn dieser Freund nicht in der Nähe ist, setzt sich

dieser Prozess des Vertrauens unvermindert fort. Sogar in der Erinnerung und in der Erwartung der Zukunft ist der Freund völlig offen und ungehindert von Vorurteilen.

Was für eine Gnade, als Menschen so zusammen sein zu können, in dem absoluten Vertrauen, dass man genau das für den anderen ist, so wie der andere genau das für einen ist. Mehr braucht es eigentlich nicht, denn alles andere, was man sich in einer Freundschaft wünscht, ergibt sich daraus. Aber das, was so einfach scheint, ist nur bei wenigen möglich.

Wenn Sie Ihre Freundschaften auf ihre Tiefe hin untersuchen, werden Sie feststellen, dass im Strauß Ihrer Freundschaften nur eine oder zwei oder vielleicht drei zu dieser wahren, tiefsten, aber auch höchsten Freundschaft gehören.

Wenn man länger darüber nachdenkt, sollte man ein zweites Rätsel erleben, und das ist die Frage: Was genau ist es denn, was eine so intensive Verbindung zu diesen ein oder zwei oder drei Menschen in meinem Leben herstellt? Bei allen anderen Freundschaften spricht man ja eher von Bekanntschaften, Kollegen.... Warum erreicht die Freundschaft mit all diesen anderen nicht diese Tiefe und Höhe? Das ist zunächst einmal ein Rätsel. Aber wenn Sie immer wieder auf dieses Rätsel zurückkommen und versuchen, die Qualität dieser echten Freundschaft zu erfahren, werden Sie immer mehr zu der Erkenntnis gelangen, dass die Beziehungen zwischen Menschen einzigartig sind und dass sie sozusagen aus einer Welt stammen, die Sie längst vergessen haben.

„Ich weiß, du bist mein Freund, wenn du mich kennst: Und eines solchen Freunds bedurft' ich lange.“

Johann Wolfgang von Goethe (1749 - 1832), *Tasso*

BRÜDERLICHKEIT UND FREUNDSCHAFT

Das Gleichnis vom barmherzigen Samariter.

Da stand ein Gesetzeslehrer auf und sagte, um ihn auf die Probe zu stellen: Meister, was muss ich tun, damit ich ewiges Leben erbe? Er sagte zu ihm: Was steht im Gesetz geschrieben? Was liest du da? Der antwortete: Du sollst den Herrn, deinen Gott, lieben mit deinem ganzen Herzen und mit deiner ganzen Seele und mit all deiner Kraft und mit deinem ganzen Verstand, und deinen Nächsten wie dich selbst. Er sagte zu ihm: Recht hast du; tu das, und du wirst leben. Der aber wollte sich rechtfertigen und sagte zu Jesus: Und wer ist mein Nächster? Jesus gab ihm zur Antwort: Ein Mensch ging von Jerusalem nach Jericho hinab und fiel unter die Räuber. Die zogen ihn aus, schlugen ihn nieder, machten sich davon und liessen ihn halb tot liegen. Zufällig kam ein Priester denselben Weg herab, sah ihn und ging vorüber. Auch ein Levit, der an den Ort kam, sah ihn und ging vorüber. Ein Samaritaner aber, der unterwegs war, kam vorbei, sah ihn und fühlte Mitleid. Und er ging zu ihm hin, goss Öl und Wein auf seine Wunden und verband sie ihm. Dann hob er ihn auf sein Reittier und brachte ihn in ein Wirtshaus und sorgte für ihn. Am andern Morgen zog er zwei Denare hervor und gab sie dem Wirt und sagte: Sorge für ihn! Und was du darüber hinaus aufwendest, werde ich dir erstatten, wenn ich wieder vorbeikomme. Wer von diesen dreien, meinst du, ist dem, der unter die Räuber fiel, der Nächste geworden? Der sagte: Derjenige, der ihm Barmherzigkeit erwiesen hat. Da sagte Jesus zu ihm: Geh auch du und handle ebenso.

Lukasevangelium, Kapitel 10.25 - 37

Jede wahre Freundschaft ist auch Brüderlichkeit, denn was verstehen wir unter Brüderlichkeit? Die Verwandtschaft ist so beschaffen, dass wir uns um die Höhen und Tiefen der anderen Person kümmern. Wenn es einem Mitmenschen nicht gut geht, werden wir unser Möglichstes tun, um ihn zu unterstützen, zu helfen, vielleicht sogar Probleme zu lösen. Das große Beispiel für Brüderlichkeit ist das Bild des barmherzigen Samariters aus dem Lukasevangelium. Dort wird deutlich, wer der wirkliche Bruder des verletzten Mannes am Straßenrand ist. Die beiden sind nicht befreundet, aber das Handeln des Samariters ist brüderlich. Barmherzigkeit ist die Qualität der Brüderlichkeit. Hier wird sie auf der physischen Ebene dargestellt, aber als Menschen können wir uns auch als Brüder und Schwestern im spirituellen Sinne oder der Seele nach fühlen, basierend auf einer gewissen Verwandtschaft, die dazu führt, dass wir in Zeiten der Not Hilfe anbieten, auch wenn dies ein Opfer von uns verlangt.

Ich habe das Beispiel des Studenten genannt, der ins eiskalte Wasser springt, um eine Frau aus einem sinkenden Auto zu retten. Das ist ein Akt der Brüderlichkeit. Aber wenn ein Psychologe oder ein Psychiater - oder ein Seelsorger - einem Mitmenschen in seelischer Not helfen kann, aus dieser Not herauszukommen, ist auch das ein Ausdruck von Brüderlichkeit.

Das große Ideal ist, dass *alle Menschen zu Brüdern werden*, dass wir uns als Menschheit bewusst werden, dass wir verwandt sind, nicht durch Blut, sondern durch Abstammung.

Das setzt natürlich einen gewissen Glauben an das Transzendente voraus, einen Glauben an die Existenz eines Schöpfers. Denn wenn du den Vater als deinen Vater anerkennst, dann sind deine Brüder und Schwestern diejenigen, die denselben Vater haben.

Das ist das große Ideal der Zukunft. Ich glaube, es bewegt jeden Menschen, wenn es zum Beispiel in Beethovens Neunter Symphonie heißt: *Alle Menschen werden Brüder.*

Aber das ist etwas anderes, als Freunde zu werden. Ein Freund ist immer auch ein Bruder oder eine Schwester, aber Brüderlichkeit ist nicht synonym mit Freundschaft. Freundschaft geht in gewissem Sinne darüber hinaus, denn sie ist ein Band der Liebe, das auf der Verbindung zwischen zwei Individuen, mir und dir, beruht. Das ist nicht bei allen Menschen möglich, zumindest ist es in unserem irdischen Dasein nicht denkbar.

Christus ist der Freund aller Menschen genannt worden. Man kann sich vorstellen, dass es ein göttliches Attribut sein könnte, die Würde eines jeden Menschen so hoch zu schätzen, dass man mit jedem Menschen wahre Freundschaft haben könnte. Aber das ist für uns normale Menschen eine Perspektive, die viel weiter entfernt ist als die der Brüderlichkeit.

Dennoch kann man sagen, dass diese Überhöhung der Brüderlichkeit zur Freundschaft in der Arbeit mit Menschen potentiell vorhanden ist. Man kann seine Arbeit in einer Sprechstunde machen und sie gut machen. Man kann ein guter, kompetenter Arzt sein und sich wirklich um das Leiden der Mitmenschen kümmern und versuchen, mit allem, was man hat, Heilung zu bieten. Das ist Verbrüderung.

Aber man kann sich vorstellen, dass man auch in diesem Kontakt mit Patienten erahnen kann, wer der andere wirklich ist. Martin Buber beschreibt Beispiele für Momente, in denen diese Verschmelzung von einer Individualität mit einer anderen stattfindet. Das kann in einer Sprechstunde geschehen, aber auch, wenn man z.B. an einer Tankstelle mit der Kreditkarte bezahlen will. Dann kann am Schalter etwas zu fließen beginnen, was nicht nur Brüderlichkeit ist - denn die ist in diesem Moment nicht im Spiel, man muss für die Dienstleistung, die einem erbracht wird, bezahlen -, sondern im Blick des einen, der dem Blick des anderen begegnet, oder in der Aura des einen, die mit der Aura des anderen in Einklang kommt, gibt es einen Moment der Verschmelzung von *Ich und Du*, der der Freundschaft entspricht.

Nur der Kontakt dauert vielleicht zwei Minuten. Sie drehen sich um, gehen zurück zum Auto und setzen Ihren Weg fort. Was bleibt, ist bestenfalls ein Gefühl der Verwunderung, dass dies möglich ist, ein Gefühl des Glücks, dass dies anscheinend mit jedem möglich ist.

Das gibt einem natürlich einen Anstoß, wenn man das öfter erlebt, zu untersuchen, ob das vielleicht kultiviert werden kann. Jetzt geschieht es auf einer natürlichen Weise. Aber was genau haben du und ich getan, dass dieser Moment des Gleichklangs eingetreten ist?

Wenn das doch nur unter allen wohlmeinenden Menschen so sein könnte?

Aber dann müsste man wissen: Gibt es irgendetwas, was man dafür tun kann, dass das entfesselt wird? Buber sagt: Wenn die Zurückhaltung zwischen zwei Menschen aufgehoben ist, beginnt es zu fließen.

ÜBUNG: Kann man das bestätigen? Gibt es vielleicht noch mehr, was man tun kann, um nicht nur mit allen Menschen Brüder zu werden, sondern schließlich sogar an dieser Freundschaft teilzuhaben, die vielleicht übersinnlicher Natur ist?

LIEBE

Was ist nun Liebe im Verhältnis zur Freundschaft?

Dazu sollten wir erst einmal wissen, was Liebe eigentlich ist. Viele Gefühle, die man als Liebe bezeichnet, sind es nicht wirklich. Wenn man eine starke Sympathie für jemanden empfindet, kann man es Liebe nennen. Man kann das Aussehen, die Eigenarten, die Charaktereigenschaften und sogar die Gewohnheiten von jemandem lieben. Man kann sich darüber freuen, dass man Komplimente bekommt, dass jemand einen versteht. Man kann das alles Liebe nennen, aber in Wirklichkeit sind das Vorübungen für die Liebe.

Wahre Liebe ist völlig uneigennützig. In der Literatur gibt es schöne Texte über die Liebe. Im Buch, der Bibel, in einem der Briefe des Paulus, finden wir ein Loblied auf die Liebe. Ich zitiere am Ende dieses kleinen Kapitels einen Text von Thomas von Aquin, dem großen Denker aus dem 13. Jahrhundert. Darin wird die Liebe wahrhaftig angesprochen, aber das ist dann eine Liebe, die der Mensch nicht nur zu einem Mitmenschen hat, sondern auch zu Tieren, zu Pflanzen, zu Steinen, zur Erde, zum Mond und zur Sonne und zu den Sternen, zu den Planeten, zur ganzen Schöpfung mit allen darin wirkenden Wesen. Wahre Liebe erstreckt sich über die gesamte Existenz. Für jemanden wie Thomas von Aquin ist die wahre Liebe zugleich die Liebe zu Gott. Gott ist ein Wesen, das man nur erfassen kann, wenn man die Offenbarung, wie sie in der Bibel - aber auch bei den großen Denkern - zu finden ist, gewissermaßen überblicken kann, wie ein Adler im Flug die Erde überblicken kann. In diesem Überblick würde man das Göttliche erahnen, zumindest wenn man in der

Lage ist, die Liebe so zu vergeistigen, dass man nicht an die Gegenwart eines greifbaren Geschöpfes gebunden ist.

Aber nehmen wir an, Sie sind ein Mensch, der mit dem Göttlichen nicht vertraut ist und auf der Erde mit einem fröhlichen Geist, einem klaren Verstand und einem guten Willen lebt. Was ist dann Liebe für diesen Menschen? Liebe ist das Gegenteil von Egoismus, und wenn man den Egoismus gut kennt und ihn umstülpen, ihn sozusagen in sein völliges Gegenteil verwandeln könnte, dann würde man die absolute Liebe kennen.

Wo immer der Egoismus dem anderen weicht, da ist Liebe. Wenn diese Liebe auf die höchste Stufe gehoben wird, bedeutet das, dass man dem anderen das Allerbeste wünscht und dass man auch bereit ist, daran mitzuarbeiten, dass dieses Allerbeste dem anderen zugänglich gemacht wird.

Das ist ähnlich wie bei der Brüderlichkeit. Brüderlichkeit ohne Liebe ist unvorstellbar. Aber die Liebe ist viel größer als die Brüderlichkeit. Sie ist auch größer als Freundschaft. Die Liebe kann so groß werden wie der Makrokosmos.

Stellen wir uns vor, wir wären wirklich von dem Wunsch beseelt, dass es allen und allem gut geht. Dann hätte der Wettbewerb seinen Platz in der Welt verloren und auch die Eifersucht würde der Vergangenheit angehören. Denn wenn man dem anderen nur das Beste wünscht, freut man sich, wenn er es auch hat. Dann ist es undenkbar, aus dem Augenwinkel mit Neid und Missgunst auf all die guten Gaben des Anderen zu schauen.

Das wäre Liebe, ein Vorzug, ein Wunsch, das Beste für die andere Person zu erreichen.

In einer Freundschaft ist es ein nicht unterschriebener Pakt, dass man sich gegenseitig diese Liebe schenken will. Man fühlt Unruhe, wenn der andere Unruhe hat, man bekommt Sorgen, wenn der andere sie hat. Es gibt nichts in einem, was auch nur im Geringsten finden könnte, dass der andere ein bisschen Unglück ab und zu auch braucht....

Das steckt natürlich in diesen drei Sätzen von Toon Hermans: Wenn du jemanden hast, der mit dir lacht und mit dir weint, dann hast du einen Freund.

Gemeinsam zu weinen ist viel einfacher als gemeinsam über das Glück zu lachen, das nicht das eigene ist, sondern das des anderen. Gemeinsam glücklich zu sein für das Glück des anderen, das ist wahre Liebe.

ÜBUNG: Über die eigenen Fähigkeiten, wirklich zu lieben, nachdenken.

Ich denke, in den meisten Freundschaften muss diese hohe Ebene der Liebe erst noch entwickelt werden. Es ist auch der Kummer, der mit einer Freundschaft einhergeht, dass wir unvollkommene Menschen bleiben, die sich gegenseitig nicht das geben können, was sie eigentlich möchten, weil das Ego von Zeit zu Zeit mit ungeheurer Kraft aus der Tiefe aufsteigt und seine Rechte einfordert. Aber in einer Freundschaft hat man keine Rechte. Man gibt Rechte, aber man fordert sie nicht ein.

Es ist leicht, all dies auszudrücken. Es ist nicht so schwer, all die tieferen Vorgänge in der Seele, die mit Freundschaft verbunden sind, zu erkennen und in Worte zu fassen. Aber diese Worte in Taten umzusetzen, das erst ist Liebe, das ist Lebenskunst. Und ich glaube, die ganze Welt würde mit einem befreundet sein wollen, wenn man das könnte. Denn dann würde der ganzen Welt bewusstwerden, wer du wirklich bist, und das wäre eine große Gnade auch für dich, denn du kannst sagen: Was kann es Schöneres geben, als von einem Mitmenschen verstanden zu werden, das heißt, in seinem wahren Wesen gesehen zu werden?

„In diesem Sinne wird der Liebende von sich selbst aus in

den Geliebten versetzt, insofern er das Gute für den Geliebten will und durch seine Fürsorge für dessen Wohl tätig ist wie für sich selbst. Deshalb sagt auch Dionysius (der Aeropagit) in ‚Über die göttlichen Namen‘: ‚Man kann aber so viel als Wahrheit aussprechen, dass auch Gott selbst, die Ursache von allem, durch das Überfließen seiner liebenden Güte aus sich selbst herausgeht, indem er sich um alles, was ist, kümmert.‘“

Thomas von Aquin (1225 - 1274)

Ein solcher Text hat in unserer Zeit keinen Platz, es sei denn, man denkt länger darüber nach und versucht zu fühlen, zu erleben, was da gesagt wird. Im Rahmen dieses Buches über Freundschaft geht es um die Fähigkeit des Liebenden, sich in den Geliebten hineinzuversetzen und dann sein Interesse zu leben und zu behandeln, als wäre es sein eigenes.

FREUNDSCHAFT UND LEBENSPARTNER

Wir haben bisher über Freundschaft im Allgemeinen gesprochen, aber natürlich gibt es eine ganz besondere Form der Freundschaft, nämlich die Freundschaft zwischen Lebenspartnern. Die Frage ist, ob man die gleiche Art von Freundschaft mit seinem Lebenspartner haben kann, wie mit Menschen, mit denen man keine körperliche Beziehung hat. Oft entsteht die Freundschaft vor der körperlichen Beziehung, was eine günstige Reihenfolge für die Freundschaft ist.

Ich denke, jeder weiß, dass eine körperliche Beziehung Prüfungen mit sich bringt. Durch die erotisch-sexuelle Beziehung werden Macht und Ohnmacht, mehr und weniger, oben und unten erprobt. Das hat zwar einen gewissen Platz im Geschlechtsverkehr, sollte sich aber eigentlich nicht in der Beziehung außerhalb des Geschlechtsverkehrs fortsetzen. Natürlich tut es das oft doch.

Man könnte natürlich sagen: Was sagst du nun jetzt zur Sexualität? Ist das nicht die höchste, intimste Verbindung, die wir als menschliche Wesen haben können? So kann man es sehen... Aber die Tatsache, dass es Lustdelikte im Zusammenhang mit der Sexualität gibt, zeigt, dass eine körperliche Verbindung mit einem Mitmenschen sehr kompliziert ist. Deshalb sage ich: Wenn die Freundschaft der körperlichen Beziehung vorausgeht, ist das die günstigste Reihenfolge, auch wenn diese körperliche Beziehung die Freundschaft zweifellos auf die Probe stellen wird. Denn wir haben gesehen: In der Freundschaft spielen Macht und Ohnmacht, mehr oder weniger, absolut keine Rolle. Dort gedeiht die Freundschaft nur, wenn solche Unterschiede zwischen den Freunden nicht existieren oder beseitigt werden.

Wenn die Freundschaft stark genug ist, wird sie die Unterschiede, die das physische Leben schafft, überstrahlen und ertragen können, und das Positive einer physischen Beziehung wird eine Vertiefung der Freundschaft sein. Sicherlich ist das etwas ganz Besonderes und auch wirklich Exklusives, wenn man in der Freundschaft so weit gehen kann, dass man zu *einem* Körper wird. So können die tiefsten Liebesfreundschaften auf dem Fundament einer körperlichen Beziehung gedeihen. Wenn die körperliche Liebe zuerst kommt und sich dann ein Zusammenleben zwischen zwei Menschen entwickelt, die anfangen, ihre weltliche Existenz miteinander zu teilen, dann kann es sehr gut sein, dass sich keine Freundschaft entwickelt. Dann wird es ein Zusammenleben, das auf körperlicher Anziehung beruht, und dasjenige, was für eine wahre Freundschaft notwendig ist, wird nicht entwickelt oder ist nicht vorhanden. Es kann aber auch sein, dass sich durch das tagtägliche Teilen der Lasten und Freuden des irdischen Daseins eine echte Freundschaft entwickelt, in der die Freunde einander durch dick und dünn treu sind und bleiben.

In diesem Buch spreche ich über ideale Freundschaft. Es versteht sich dann von selbst, dass die Partner, wenn sie miteinander befreundet sind, nicht gelegentlich zu jemand anderem gehen werden. Im Lichte der Freundschaft ist das ein Ding der Unmöglichkeit und wird daher nicht passieren. Wenn es doch passiert, ist es eigentlich ein Symptom für eine mangelhafte Freundschaft. Wenn man wirklich befreundet ist, tut man sich so etwas nicht an. Nicht einmal in Zeiten, in denen die Dinge sehr schwierig sind oder die andere Person schwierig ist oder in einer Depression steckt oder krank wird oder aggressiv wird. Dann wäre es schwierig, eine wahre Freundschaft aufrechtzuerhalten. Aber gerade wahre Freundschaft ist die Garantie dafür, dass man das kann.

Gibt es im irdischen Leben eine Liebe zwischen zwei

Menschen, die über eine freundschaftliche Bindung hinausgeht und mit einer körperlichen Liebe verbunden ist?

Die körperliche Liebe mag ab einem bestimmten Punkt an Bedeutung verlieren, aber die Freundschaftsliebe hat dadurch eine ganz besondere Qualität bekommen, die nicht entstehen kann, wenn die körperliche Liebe nicht da war.

Die Freundschaftsliebe, die lebt und gedeiht, ohne dass eine körperliche Liebe dabei eine Rolle spielt, ist natürlich in gewisser Weise edler und übersinnlicher Natur. In diesem Sinne steht dieses Band der Freundschaft höher. Würde man nur der Freundschaft zwischen Partnern Wert beimessen, würde dies bedeuten, dass man keine Freundschaft mehr mit anderen haben könnte. Natürlich ist das absolut nicht der Fall. Aber die Verbindung einer körperlichen Liebe mit einem Freundschaftsband, in dem man alles miteinander teilt und alles füreinander tut, hat eine sehr große Bedeutung im irdischen Dasein.

Stellen Sie sich vor, nicht nur einmal, sondern mehrmals auf der Erde zu sein, dann ist die Freundschaft, die Liebe zu dieser anderen Individualität als ewig denkbar. Dann ist es auch denkbar, dass die Freundschaft, die dann in jeder Inkarnation wiederkehrt, sich nur einmal auf eine körperliche Liebe erstreckt.

Wenn Sie dies im Geiste abwägen, erwägen, beginnen Sie einmal mehr zu erfahren, wie besonders es ist, wenn zwei Menschen, die eine wahre Freundschaft miteinander haben, diese in körperliche Liebe ausweiten dürfen.

„Treulich geführt, ziehet dahin,
Wo euch der Segen der Liebe bewahrt.
Siegreicher Mut, Minnegewinn,
eint euch in Treue zum seligsten Paar.“

Richard Wagner, *Lohengrin, Hochzeitslied*

ZWEITER TEIL

AUS DEM ‚NICHTS' FREUNDSCHAFT SCHLIESSEN

WAHRHAFTIGKEIT

In diesem zweiten Teil wollen wir die Frage beantworten: Wie schließe ich wahre Freundschaft, *wenn ich das will.* Bisher haben wir über Freundschaften gesprochen, die das Schicksal uns beschert. Wenn man Freundschaften erforscht, kommt man an einen Punkt, an dem man sagen muss: Es sind nicht so sehr die Eigenschaften oder Ereignisse, auf denen diese Freundschaft beruht, sondern sie beruht auf dem Rätsel der Individualität. Es ist nicht so, dass ich dieser Individualität voll und ganz gegenüberstehe, aber in der Tiefe ist sie offensichtlich, denn von dort aus entsteht eine unvorstellbare Anziehung zu dieser Person. So kommt auch die Partnerwahl zustande, weshalb man mit Recht sagen kann, dass es keine Freiheit in der Partnerwahl gibt. Natürlich gibt es Freiheit bei der Gestaltung der Beziehung im Laufe des Lebens, aber sich so stark zu einem Menschen hingezogen zu fühlen, dass man ein Leben lang mit ihm zusammenleben möchte, bis hin zu den körperlichen Details - das beruht nicht auf freier Wahl.

Aber wir Menschen sind an einem Punkt angelangt, an dem wir zunehmend selbst bestimmen wollen, wie sich unser Leben entwickelt. Das Schicksal hilft zwar immer noch mit aller Macht, dieses Leben zu gestalten, aber wir stehen zunehmend selbst in ihm auf und wollen die Zügel selbst in die Hand nehmen. Das geschieht zunächst dadurch, dass man in den Beziehungen, die das Schicksal für einen schafft, frei wird, indem man die Dinge so tut, wie man sie tun möchte. Aber kann man auch Beziehungen zu Menschen eingehen, die sozusagen ‚neu' sind, bei denen die Macht des Schicksals nicht oder nicht so stark am Werk ist?

Das sind Menschen, an denen man schicksalhaft vorbeigehen würde, für die man sich aber mit seinem wachen, bewussten Auge interessieren und mit denen man aus freiem Willen eine Freundschaft aufbauen könnte? Die Antwort darauf ist eindeutig „ja!“ Die zweite Frage ist dann natürlich: Wie schließt man Freundschaften mit Menschen, zu denen der natürliche Drang nicht so sehr treibt? Zweifellos haben wir bereits solche Freundschaften, aber sie nehmen keinen so wichtigen Platz in unserem Leben ein.

Gehen wir noch einmal zurück in die Jugendzeit und in die Zeit danach, das junge Erwachsenenalter. Da ist es sicher nicht so, dass man nur zu Menschen getrieben wird. Wenn Sie zurückblicken, werden Sie sich zweifellos an Bindungen mit Menschen erinnern, die gut waren, in denen Sie eine gute Zeit mit diesen Menschen hatten, in denen auch Treue und Liebe eine Rolle spielten, in denen aber diese wechselseitige Anziehung fehlte. Das ist in etwa der Unterschied zwischen der Romantik des Vollmonds und der Alltäglichkeit des hellen Tageslichts. In der Dunkelheit, wo der Mond scheint, braucht man nicht viele Sinneseindrücke, um die Anziehung zu spüren, die zwischen Menschen bestehen kann - und ich spreche nicht nur von Verliebtheit, sondern von Freundschaft im Allgemeinen.

Tagsüber ist das Leben viel sachlicher, man muss seine Arbeit erledigen, hat Pflichten und neigt weniger dazu, die Menschen zu idealisieren oder in ihnen etwas zu sehen, was bei dem normalen Tageslicht nicht sichtbar ist.

Das ist ein Vergleich, und natürlich kann man seine allerbesten Freunde auch tagsüber treffen, und man kann auch einfach abends draußen eine Beziehung anfangen. Aber hier geht es darum, ‚Beziehungen bei Tageslicht‘ aufzubauen. Dann ist die Frage, wie man das macht. Wäre es vielleicht möglich, sich mit allen Menschen anzufreunden, so wie es auch heißt: Alle Menschen werden Brüder?

Als ich in meiner Jugend das Buch von Martin Buber über Ich und Du gelesen habe, hat mich diese unwiderstehliche Anziehungskraft zwischen Ich und Du sehr angesprochen, aber gleichzeitig hatte ich schon die Frage: Ist es nicht möglich, sich so zu gestalten, dass man das auch mit Menschen machen kann, denen gegenüber man zunächst eher gleichgültig ist? Denn eigentlich ist natürlich jeder Mensch ein Wunder und man müsste eigentlich in jedem Menschen dieses Transzendentale oder dieses Ideal sehen können, das man immer in der Freundschaft sieht. Man ist also tatsächlich blind, wenn man nicht mit jedem, mit allen Menschen Freundschaft schließen kann. Ist es möglich, das zu entwickeln?

So habe ich festgestellt, dass die allererste Voraussetzung für die Entwicklung einer echten Freundschaft zwischen ‚allen' die Wahrhaftigkeit ist.

Während des Krieges kamen amerikanische Soldaten zum Essen zu meiner Familie, und wie so oft schwärmten sie von der Mahlzeit und waren auch sehr dankbar. Sie konnten nicht aufhören, zu sagen, wie wunderbar sie es fanden. Sie kamen nur einmal. Aber als sie weg waren, lag vieles von dem köstlichen Essen unter dem Tisch.

Das ist ein groteskes Bild für Unwahrhaftigkeit, auch wenn es gut gemeint ist. Man kann es nicht essen, weil es einen anekelt, aber man will es der Gastgeberin oder dem Herrn nicht antun, es liegen zu lassen, also erschöpft man sich in Komplimenten und sieht in der Zwischenzeit einfach zu, dass man es los wird, ohne es essen zu müssen. Ein Pflanzgefäß oder ein Kohleneimer sind auch Orte, die man dann dankbar nutzen kann.

Wenn wir ehrlich sind, werden wir feststellen, dass diese Unwahrhaftigkeit zwischen Menschen eine Hauptrolle spielt. Nicht so grotesk wie in diesem Beispiel, sondern auf eine ganz gewöhnliche Weise. Die Menschen sind sehr leicht nett zueinander, während dahinter eine ganze Welt von zerstörerischen Urteilen steht. Oder Menschen sind sehr leicht nett zueinander, aber wenn im nächsten Moment etwas Unangenehmes passiert, ist diese Nettigkeit vergessen und verwandelt sich in Unfreundlichkeit.

Was ist Wahrhaftigkeit? Das heißt, dass das Verhalten und das, was man sagt, völlig mit dem übereinstimmt, was im geheimen inneren Selbst vorhanden ist. Natürlich kann man etwas widerwillig für jemanden tun und den Anschein erwecken, dass man es gerne tut. Das ist nicht wahrheitsgemäß. Das bedeutet nicht, dass man es nicht tun sollte, aber es bedeutet, dass man sich selbst anpacken sollte und es tatsächlich gerne tun. Dazu muss man sich selbst in die Hand nehmen, und das erfordert natürlich auch Selbsterkenntnis. Die meisten Menschen leben so, wie es den Anschein hat, und sind sich dieser Unterschiede zwischen äußerer Darstellung und innerem Zustand überhaupt nicht bewusst.

Sicher ist auf jeden Fall, dass sich eine Freundschaft auf dieser Basis nie entwickeln kann, denn Freundschaft beruht auf Vertrauen, und Vertrauen wird immer wieder beschädigt, wenn die Wahrhaftigkeit nicht gegeben ist. Man könnte sagen, dass man Vorübungen machen muss, um das Freunde-Werden in den Griff zu bekommen. Diese Vorübungen bestehen darin, dass man sich selbst auf seinen Wahrheitsgehalt hin überprüft. Ist das, was Sie sagen, wirklich das, was Sie denken? Dabei geht es nicht einmal darum, nicht mehr zu lügen. Wenn man lügt, ist man natürlich auch unehrlich und Freundschaft ist dann eine Unmöglichkeit. Aber es gibt eine viel feinere Unwahrhaftigkeit bei Menschen, die sonst immer die Wahrheit sagen, die aber trotzdem nicht wahrhaftig sind. Die Mitmenschen merken das vielleicht nicht immer, aber sie spüren es, und das schafft Unsicherheit im Kontakt. Wenn Unsicherheit im Kontakt herrscht, wird keine Freundschaft entstehen. Dann ist man froh, wenn das Gespräch oder die Begegnung vorbei ist. Man muss also mit einer gewissen Selbsterkenntnis auf die Übereinstimmung zwischen dem, was man sagt und dem, was man tut, mit dem, was man denkt und fühlt, achten. Wenn man einen Unterschied zwischen dem, was man sagt, und dem, was man tut, feststellt, dann lügen Sie im Grunde, wenn auch auf feinere Weise als bei einer groben Tatsachenlüge. Wenn man nämlich etwas anderes innerlich findet, als das, was man vorgibt zu sein, dann ist das auch der Fall. Man kann nette Dinge sagen, aber wenn man es nicht so fühlt, sagt man es lieber nicht. Eine Freundschaft wird sich dann sowieso nicht entwickeln, also kann man es auch gleich weglassen. Wenn man diese Freundschaft wirklich will, dann muss man das, was man fühlt, mit dem, was man sagt, in Einklang bringen. Natürlich kann man sagen: Ja aber, ich denke, was ich denke, und ich kann das nicht ändern. Warum willst du dann Freundschaft? Dann sage positive Dinge, die du wirklich fühlst!

Kurz gesagt, die erste ÜBUNG für eine Person, die ein Freund werden will, ist: Entwickle Wahrhaftigkeit!

„Der Hass verschwindet nie aus dieser Welt, wenn man hasst, sondern wenn man liebt; das ist eine ewige Wahrheit. Überwinde den Zorn durch Liebe, überwinde das Böse durch das Gute. Überwinde den Geizigen durch Geben, überwinde den Lügner durch Wahrhaftigkeit.“

Buddha (ca. 450 v. Chr. - ca. 370 v. Chr.)

AUFMERKSAMKEIT

Wenn wir eine Freundschaft aus dem Nichts schaffen wollen, schaffen wir etwas Neues. Wahrhaftigkeit ist die erste Bedingung. Dann kommt das, was für alle Menschen das Wichtigste ist: dass jemand einem Aufmerksamkeit schenkt. Ich glaube, ein großer Wunsch aller Menschen, auch derjenigen, die schlechte Dinge tun, ist es, verstanden zu werden. Man wünscht sich so sehr, dass die Menschen einen so wahrnehmen, wie man wirklich ist. Unter wahren Freunden ist das auch so. Aber wenn wir als neues Ideal eine Freundschaft von Grund auf aufbauen wollen, was mit jedem möglich sein sollte, müssen wir uns dieses großen Wunsches der Menschen bewusst werden, verstanden zu werden. Wenn du es bist, der eine Freundschaft schließen will, dann bedeutet das, dass du dieses Verständnis selbst nicht verlangen wirst. Wir müssen also den eigenen Wunsch, verstanden zu werden, vollständig in den Willen umwandeln, diesen zukünftigen Freund zu verstehen. Dies erfordert höchste Aufmerksamkeit.

Im zwischenmenschlichen Umgang ist meist jeder in seine eigene Gedankenwelt eingeschlossen. Gelegentlich wird der Vorhang der Verträumtheit ein wenig gelüftet. Man wacht auf und nimmt wahr, dass der andere auch da ist und was er tut. Das kann sogar ein wenig länger als ein paar Sekunden dauern.

Wenn man sich nach Freundschaft sehnt, muss man diese Schwäche in Kauf nehmen. Die Bücher *Lerne Denken!*, *Lerne Fühlen!*, *Tun!* beschreiben Übungen, die zur Aufmerksamkeit führen, ohne sich wirklich auf die Freundschaft zu konzentrieren. Wenn wir Freundschaft anstreben, brauchen wir diese Qualitäten. Wir müssen in der Lage sein, aus unserer Wolke der Sehnsucht und der Wolke der Gedanken aufzuwachen; wir müssen lernen, unsere Augen zur Sonne des anderen zu erheben. Es kann sein, dass seine Sonne so stark scheint, dass man den Blick aus Selbsterhaltungstrieb wieder senken muss. Dann muss man sehen, was man tun kann, inwieweit diese andere Person ein Freund werden kann. Aber normalerweise ist es sehr einfach, zum anderen die Augen aufzuschlagen, und man stellt mit Erstaunen fest, dass man das eigentlich die ganze Zeit tun könnte. Man stellt fest, dass der Egoismus einen auch jetzt noch völlig in sich selbst einschließt und dass man es nicht einmal merkt.

Jetzt wollen wir eine Freundschaft mit jemandem. Dafür sind wir vielleicht bereit, uns von Zeit zu Zeit völlig zu vergessen und die ganze Aufmerksamkeit auf diesen potenziellen Freund zu richten. Dieser kann gar nicht anders, als sich über den Strom der gefühlten Aufmerksamkeit zu wundern, denn der Mensch spürt ihn, auch wenn er sich dessen vielleicht nicht bewusst wird. Aufmerksamkeit und Verständnis sind Elemente, nach denen sich jeder Mensch sehnt und die jeder Mensch im Leben viel zu wenig bekommt. Man hebt sozusagen die Augen zum anderen, man stellt die Ohren weit auf, die Wärme der ersehnten Freundschaft strömt aus einem heraus. Man wartet ab, wie der andere reagiert. Normalerweise, wenn Zeit dafür ist, fangen die Menschen dann an, von sich zu erzählen - denn das können sie nirgendwo, außer vielleicht beim Psychologen oder beim Hausarzt, wenn der Zeit hat. Selbst Freunde untereinander sind oft zu sehr mit dem beschäftigt, was ihre Freundschaft fordert, als das sie sie mit Aufmerksamkeit und Verständnis pflegen.

Jetzt möchte man eine Freundschaft mit jemandem eingehen, bei dem dieser rätselhafte Antrieb der Persönlichkeit nicht offensichtlich ist. Man könnte leicht an dieser Person vorbeigehen, aber man tut es nicht. Man bleibt sozusagen stehen, schlägt die Augen auf und öffnet die Ohren und sieht den anderen und hört, was er zu sagen hat. Und selbst dann kann es sein, dass trotz der erhöhten Aufmerksamkeit das, was diese Person zu sagen hat, zum einen Ohr rein und zum anderen wieder raus geht, dass es an einem vorbeigeht, weil man immer noch in den eigenen Gedanken und dem, was man sagen will, gefangen ist. Natürlich möchte man selbst derjenige sein, der erzählt, vielleicht hat man es in seinem Kopf schon getan. Aber das ist kein Thema, denn man weiß: Freundschaft schließe ich nicht aufgrund dessen, was ich zu sagen habe, sondern Freundschaft entsteht aufgrund dessen, was ich aufnehmen will. Man sieht und hört die andere Person dank erhöhter Aufmerksamkeit. Nun muss man sich noch genügend für das interessieren, was einem gegeben wird, damit man sich hinterher daran erinnern kann. Als Arzt schreibt man sich während einer Konsultation ein paar Stichworte auf, damit man sich, wenn der Patient wiederkommt, daran erinnert, worüber man gesprochen hat. Bei den tausend Patienten, die der Arzt in ein paar Monaten sieht, kann man sich unmöglich an alles erinnern. Aber für eine Freundschaft, die man schließt, sollte man keine Akte brauchen, sondern diese Akte sollte in dem Herzen sein. Echtes Interesse führt dazu, dass man sich an Dinge erinnert, als hätte man sie selbst erlebt. Das kann man natürlich üben. Man tut das nicht, wenn man sich mit einem potenziellen Freund unterhält, aber man kann versuchen, bei anderen Gelegenheiten das Interesse an dem, was man aufnimmt, so zu steigern, dass es bestehen bleibt. Junge Menschen haben oft ein lebhafteres Interesse als ältere Menschen. Und wenn dieses Interesse nachlässt, dann lauert die Gefahr der Demenz. Andererseits haben ältere Menschen viel mehr Lebenserfahrung, was bedeutet, dass sie viel verständnisvoller sein können, wenn sie den Mut aufbringen, dem anderen wirklich zuzuhören und ihn anzuschauen. Als jemand, der Freundschaft sucht, muss man also das geben, was man hat. Man kann nicht geben, was man nicht hat. Aber Aufmerksamkeit kann von jedem gegeben werden, ob jung oder alt, und Interesse kann geweckt werden. Wenn man wirklich eine Freundschaft mit jemandem sucht, warum sollte man nicht an jedem Bild, das er mit seiner Person zeigt, und an jedem Wort, das er spricht, bis zum Äußersten interessiert sein? Wenn uns jemand seine Lebensgeschichte erzählt, können wir uns dann nicht dazu durchringen, uns dafür genauso zu interessieren wie für unsere eigenen Lebensereignisse?

Vom Standpunkt der Natur aus kann man das nicht, das eigene Leben ist von höchstem Interesse, das Leben eines anderen ist höchstens etwas Interessantes.

Aber das Interesse dafür kann geweckt, kann verstärkt werden, und es ist absehbar, dass, wenn man das erringt, der andere damit ein Stück Glück bekommt, das so außergewöhnlich ist, dass er oder sie zunehmend selbst die Freundschaft mit einem sucht.

ÜBUNG: Prüfen der Aufmerksamkeit!

„Wenn man sich in einem empfänglichen Geisteszustand befindet, kann man die Dinge leicht verstehen; man hört zu, wenn man seine wahre Aufmerksamkeit auf etwas richtet.“

Krishnamurti (1895 - 1986)

VERSTEHEN UND BEGREIFEN

Die Menschen sehnen sich danach, von anderen verstanden zu werden, aber es ist nicht leicht, einen anderen wirklich zu verstehen. Was tun wir, wenn wir zuhören und aus dem Zuhören unser Verständnis bilden? Wir bedienen uns unseres bereits vorhandenen Rahmens von Begriffen, den wir im Laufe unseres Lebens aufgebaut haben und der auch stark von der Erziehung, dem Umfeld sowie den Vorlieben und Abneigungen mitbestimmt wird. Begriffe sind schließlich auch teilweise persönlich.

Der Begriff an sich ist etwas Allgemeines. Im Mittelalter, als die Wissenschaft des Denkens aufblühte, nannte man Begriffe *Universalien*, das heißt, sie haben einen universellen Charakter, sie sind für alle Menschen gleich. Aber die Synthese der Begriffe ist etwas ganz anderes. Da spielt die Persönlichkeit mit all den Aspekten, die ich erwähnt habe, die Hauptrolle. Wenn man jemandem zuhört, besteht die große Gefahr, dass man das, was man mit seinen eigenen Begriffen begreift, zurückgibt. Dann fühlt sich der andere wirklich missverstanden, weil er sein Bestes getan hat, um alles so genau wie möglich zu erzählen, und man versäumt hat es wirklich zu verstehen.

Das passiert auch, wenn man in der Öffentlichkeit bestimmte Dinge sagt oder schreibt. Die Leute hören zu, die Leute lesen und sagen hinterher: Sie hat dies oder jenes gesagt oder geschrieben. Wenn man das dann als Redner oder Schreiber wieder hört, ist man oft überrascht, was daraus im Begriff des Hörers oder Lesers geworden ist. Es ist also gar nicht so einfach, einem Mitmenschen das zu vermitteln, was er sich eigentlich wünscht, nämlich dass man das Gesagte begreift und man das Gesagte auch begreifen kann, so, wie der andere es wirklich meint. Dazu müssten wir sozusagen in das Denken und Sprechen des anderen einfließen, was bedeutet, dass wir nicht mehr bei uns selbst sind und uns somit auch nicht in das Verstehen einbeziehen, sondern sozusagen an der Gestaltung der Gedanken in der Sprache teilnehmen.

Das ist eine hohe menschliche Qualität. Es ist ein Aspekt der Liebe.

Wenn man das nicht kann, muss man Brücken zu dieser anderen Person bauen, durch die man sie erreichen und erfassen kann, was sie sagen will, ohne dass man die Möglichkeit hat, schon wirklich ganz in die Selbstvergessenheit zu gehen und ganz in der Einheit mit der anderen Person zu bleiben.

Eine sehr wirksame Brücke ist, dass man alles, was er sagt, *versteht*. In der Tat ist das Verstehen vor dem Begreifen. Natürlich versteht man, was die andere Person sagt, wenn man die gleiche Sprache spricht. Jetzt meine ich das Verstehen, wie es in der deutschen Sprache heißt, *verstehen statt begreifen*. Verstehen ist eine andere Tätigkeit. Es bedeutet, dass man wirklich hört und versteht, was die andere Person sagt, aber man lässt es nicht in den eigenen Begriffsrahmen einfließen, man bleibt sozusagen in den Phänomenen dessen, was die andere Person sagt, man bleibt in den Tatsachen und interpretiert überhaupt nicht. Das ist eine Vorstufe der Liebe, und man wird feststellen, dass es allmählich gelingt, sich loszulassen und sich im Denken und Sprechen mit dem anderen zu vereinen.

Stellen Sie sich vor, Sie hätten ein Gespräch mit jemandem, der das kann. Der nicht urteilt, sondern ganz im Verständnis bleibt. Endlich gibt es jemanden, der wirklich zuhört, was Sie zu sagen haben, und der durch dieses Zuhören versteht, was Sie sagen wollen.

Wenn Sie das tun können, haben Sie sich vollständig von

Kritik, von Urteilen distanziert. Es entsteht kein positives Urteil, kein negatives Urteil, nicht einmal ein neutrales Urteil, überhaupt kein Urteil. Alles, was auftaucht, ist Verständnis.

Es ist eine ungewohnte Art der Kommunikation, und es könnte sein, dass sie auch als Mangel empfunden wird, als ob man nicht urteilt, als ob man sich nicht einmischt, als ob man sozusagen dem folgt, was jemand sagt, ohne einen eigenen Standpunkt einzunehmen.

Aber in einer Freundschaft ist der eigene Standpunkt nur erwünscht, wenn er gefragt wird. Natürlich kann es vorkommen, dass jemand einen um den Standpunkt bittet, zum Beispiel in einer Situation, in der er oder sie einen Rat braucht. Dann reicht das bloße Verstehen nicht aus. Dann muss man das, was man verstanden hat, in die Begriffe eindringen lassen und dem anderen dann aus diesen Begriffen heraus eine Form des Urteils zurückgeben. Wenn aber das Verstehen zwischen Zuhören und Begreifen liegt, wird das Verstehen viel mehr mit dem übereinstimmen, was die andere Person sagen wollte, und das Urteil wird tatsächlich in die Lebenssituation der anderen Person passen.

Das erfordert große Sorgfalt und Vorsicht. Das passt nicht in unsere Gesprächskultur. Wir ziehen es vor, zu reden und zu sehen, wo wir landen. Natürlich kann das unter bestimmten Umständen in Ordnung sein, es kann sehr gesellig sein, auch unter Freunden, und man braucht diesen Aspekt in einer Freundschaft natürlich. Aber wenn man eine Freundschaft aufbauen will, wird nicht viel dabei herauskommen, wenn man nicht dazu kommt, die Worte des Freundes, der Freundin wirklich zu verstehen. Und das beschränkt sich nicht nur auf die Worte. Was nicht gesagt wird, wird man auch immer besser verstehen.

Wenn wir uns in einem fremden Land befinden, in dem eine Fremdsprache gesprochen wird, die wir nur ein wenig beherrschen, sind wir ganz auf dieses Verständnis konzentriert. Das Kuriose ist, dass man dann oft aus dem Kontext, viel mehr aus dem Umriss, versteht, was der andere in dieser Fremdsprache sagt. Man kommt nicht dazu, ein Verständnis oder ein Urteil zu bilden, weil die ganze Aufmerksamkeit auf das Verstehen des Gesagten gerichtet sein muss. Man muss dann auch wahrnehmen, was *nicht* gesagt wird. Die Haltung, die man dann notwendigerweise einnimmt, ist ein gutes Beispiel für die Seelenhaltung, die man einnehmen muss, wenn man den Freund wirklich verstehen will.

Wenn man dieselbe Sprache spricht, ist die sprachliche Verständigung natürlich kein Problem. Aber das Verstehen der Absicht – *was* der andere nun eigentlich meint – hängt ebenso sehr vom Kontext ab wie bei demjenigen, der eine fremde Sprache spricht. Um die Absicht zu verstehen, muss man sich selbst vergessen und sich ganz dem hingeben, was in der anderen Person vorgeht.

Natürlich ist es bei weitem nicht immer so, dass das, was die andere Person sagt, tatsächlich von Bedeutung ist. Auch der zukünftige Freund oder die zukünftige Freundin kann eine Menge Unsinn erzählen und dann ist diese Form des Zuhörens natürlich eine Verschwendung von Aufmerksamkeitsenergie. Aber man lernt, das zu erkennen, und die meisten Menschen erkennen das immer!

Die Kunst ist, zu lernen, auf all diese Dinge zu achten. Eine echte Freundschaft, so freudig und glücklich sie auch sein mag, ist immer noch eine ernste Angelegenheit, und irgendwann kommt man an die Grenze von allem, was sichtbar und hörbar ist, und bekommt eine Ahnung davon, wer das eigentlich ist, mit dem man befreundet sein möchte.

Dann ist es nicht mehr so sehr das Rätsel der Person, das die beiden zusammengebracht hat. Wenn man erst einmal zusammen ist, beginnt diese andere Person sowieso immer mehr zu sprechen.

Wenn dies wechselseitig auftritt, entwickelt sich eine Freundschaft. Das muss unbedingt geschehen.

In der Literatur sind sich alle einig, dass Freundschaft auf Gegenseitigkeit beruht. Keine Freundschaft entwickelt sich nur in eine Richtung. Man kann sich noch so sehr bemühen, jemanden zu seinem Freund oder seiner Freundin zu machen. Wenn derjenige nicht selbst einen Schritt macht, wird daraus nichts.

Die Befriedigung des Wunsches nach Verständnis ist ein fast sicherer Weg zur gegenseitigen Freundschaft.

ÜBUNG: Mache eine Woche lang die Übung, die Freunde zu verstehen.

„Die Wirklichkeit eines anderen Menschen liegt nicht in dem, was er Ihnen offenbart, sondern in dem, was er Ihnen nicht offenbaren kann. Wenn du ihn also verstehen willst, dann höre nicht auf das, was er sagt, sondern auf das, was er verbirgt.“

Khalil Gibran (1883 - 1931)

„Hilf uns, mehr danach zu streben, zu verstehen, als verstanden zu werden.“

Franz von Assisi (1181 - 1226)

Es geht natürlich nicht darum, dass man einen Kurs besuchen muss, bevor man eine Freundschaft schließen kann. Ich möchte nur einige offensichtliche Eigenschaften, Gewohnheiten, besprechen, die die Grundlage für wahre Freundschaft sind. Die kann man übrigens selbst herausfinden, wenn man sich fragt: Wann erlebe ich, dass jemand wirklich ein Freund ist? Ich denke, das Wort *Sicherheit* spielt dann eine wichtige Rolle. Wenn man ständig aufpassen muss, wie man sich verhält, was man sagt, was man denkt, was man tut, dann fühlt man sich nicht sicher, sondern man fühlt sich einer Prüfung ausgesetzt, die der andere einem abnimmt. Natürlich ist das extrem ausgedrückt, es ist normalerweise nicht so intensiv. Aber an sich ist es ein normales Verhalten, dass man sich aus dem einen oder anderen Grund nicht sicher fühlt. In einer Freundschaft sollte diese Sicherheit par excellence gegeben sein. Wann fühlen wir uns bei einem anderen Menschen sicher? Ich habe bereits über Wahrhaftigkeit, Aufmerksamkeit und Verständnis gesprochen. Aber es gibt noch etwas anderes, das sehr wichtig ist, nämlich dass man nicht jeden Moment durch unerwartete Äußerungen aufgeschreckt wird.

Wenn wir sagen: „Ich muss wahrhaftig sein“, könnte das bedeuten, dass wir meinen, wir sollten in der Lage sein, alles zu sagen und zu tun, was uns in den Sinn kommt, und zwar ungehemmt. Das ist in der Tat wahrhaftig, aber das ist nicht beherrscht, und diese Vorsicht ist eigentlich Teil der Wahrhaftigkeit. Manche Dinge kann man nicht sagen, manche Dinge kann man nicht tun. Wenn man es trotzdem tut, wenn man es trotzdem sagt, ist es schlimmstenfalls schamlos, zumindest aber indiskret oder taktlos. Taktgefühl und Diskretion sind wichtige Eigenschaften, wenn wir wirklich mit Menschen befreundet sein wollen. Sie sollten uns vertrauen können und nicht jeden Moment durch eine extreme Aussage oder Annäherung aufgeschreckt werden. Es gibt Menschen, die sich wirklich für die Höhen und Tiefen ihrer Mitmenschen interessieren, aber darin nicht gehemmt sind. Sie setzen sich sozusagen auf den Schoß des anderen, um zu hören, was er zu sagen hat, und die meisten Menschen sind darüber nicht glücklich. Außerdem sagen sie Dinge, die man lieber nicht hören möchte, auch wenn sie noch so gut gemeint sind. Jemand, der einen sehr enthusiastischen Charakter hat, sollte das unbedingt beachten. Diejenigen, die sehr direkt sind, haben im Allgemeinen auch die Eigenschaft, etwas zu schnell zu sagen oder zu tun. Es gibt auch Menschen, die tiefe Kontakte so sehr mögen, dass sie in Gesprächen mit Menschen, die sie gar nicht so gut kennen, das Gespräch genauso weit führen wie mit jemandem, den sie sehr gut kennen.

All das liegt im Bereich der Diskretion und des Takts. Takt ist eher eine Höflichkeit, ein Charakterzug, der an Unwahrhaftigkeit grenzen könnte. Diskretion ist eher selbstbewusst und edel.

Wenn es jemals eine Ära geben wird, in der alle Menschen Freunde sind, werden sich diese Menschen nicht nur überschwänglich lieben, sondern sie werden auch ehrfürchtige Scheu für die Unberührbarkeit der Individualität, des Wesens haben.

Das Wesen darf man anschauen, ihm seine Aufmerksamkeit schenken, man kann versuchen, es zu verstehen, aber man darf sich nicht einmischen. Man sollte lernen zu fühlen, dass es ein gewisses Maß an Respekt für die Integrität des anderen Menschen geben sollte. Die Freiheit sollte bestehen bleiben, dass die andere Person das geben kann, was sie wirklich geben will, und nicht, dass ihr etwas weggenommen wird von jemandem, der weiß, wie er sich auf eine bestimmte Weise Zugang verschaffen kann. Man kann sicher sein, dass der potenzielle Freund frustriert zurückbleibt, wenn er dann aus der Tür geht. Diese Person hat dann Dinge gesagt oder getan, die sie eigentlich nicht wollte, zu denen sie aber in irgendeiner Form verleitet wurde. Dabei handelt es sich nicht um eine körperliche Versuchung, sondern um eine bestimmte Art der Ansprache, die einen dazu bringt, Dinge zu sagen oder zu tun, die man eigentlich nicht sagen oder tun möchte. Wenn diese Versuchung sehr stark ist, dann ist sie schamlos. Meistens ist sie nicht so stark. Aber ein solcher Freundschaftssucher wird es schwer haben, echte Freundschaften zu schließen. Am Anfang geht alles gut, aber sobald sich eine gewisse Vertrautheit einstellt, geht man zu weit, und dann fühlt sich die andere Person nicht mehr sicher, nicht wohl und schließt die Jalousien oder öffnet den Kühlschrank - und man versteht nicht, warum.

Die Suche nach dem Guten im Leben ist immer die Suche nach *der goldenen Mitte der Wahrhaftigkeit*. Wir wollen, dass unsere Äußerungen mit dem übereinstimmen, was wir denken und fühlen, aber um in der Mitte zu bleiben, müssen wir darin zurückhaltend sein. Man muss in der Lage sein, die Folgen seiner Worte und Handlungen abzuschätzen, bevor sie eintreten. *Aufmerksamkeit* ist eine schöne Eigenschaft, aber auch dabei kann man zu weit gehen. Stellen Sie sich vor, Sie schenken jemandem Aufmerksamkeit, indem Sie seinen Blick einfangen, ihm in die Augen sehen und nicht damit aufhören. Nicht jeder ist davon begeistert. Man kann auch mit der Aufmerksamkeit selbst zu weit gehen und muss immer wieder zurückkommen und *reagieren*, um zu zeigen, dass man die Aufmerksamkeit hatte, sonst wird es zu einem starren Schauspiel.

Das Gleiche gilt für das Verstehen und Begreifen. Ich

glaube, man kann in seinem Willen nicht weit genug gehen, um wirklich zu begreifen, was jemand meint, nicht nur mit Worten, sondern auch mit Taten. Aber in der Begegnung mit Menschen muss es immer einen Rhythmus geben, von einem zum anderen, vom anderen zum einen. Wenn das einseitig ist, kommt man auch aus der Mitte heraus.

ÜBUNG: Überlege: Die Mitte ist aus Gold, und so ist auch wahre Freundschaft.

„Die Tugend ist der Mittelweg zwischen zwei Übeln."

Aristoteles (384 v. Chr. - 322 v. Chr.), *Ethica Nicomachea*

MENSCHENVERTRAUEN

„Wenn wir uns fragen: Was benötigst du am meisten, wenn du in Zukunft ein sittlicher Mensch sein willst? So können wir nur die Antwort geben: Menschenvertrauen mußt du haben.“

Rudolf Steiner (1861 - 1925) GA 217, S. 96

Beim Entstehen von Freundschaften ist der Egoismus ein sehr großes Hindernis. Wegen des Egoismus kapselt man sich ab und lebt in einem Haus ohne Fenster, aber mit unzähligen Spiegeln an der Wand. Alles, was hereinkommt, spiegelt sich in seinem Wesen, und so lernt man die Welt eigentlich gar nicht kennen, sondern sieht die Welt ständig in einem Spiegelbild von sich selbst. Das ist ein sehr trauriger Zustand, und doch will man sich nicht davon befreien. Im Extremfall führt dies im Alter zu Demenz, weil der Kontakt zur Außenwelt so schlecht gepflegt wird, dass man nur noch in seinem Spiegelbild lebt. Die Aufmerksamkeit für die Außenwelt nimmt immer weiter ab. Die kleinen Öffnungen, die man in der Kindheit noch hatte, sind im Gedächtnis, aber die jüngsten Erlebnisse vergehen beim Aufkommen unmittelbar wieder.

Ein Egoist schließt keine Freundschaften außer mit sich selbst. Nun sind die meisten Menschen nicht absolut egoistisch, sondern haben ein oder mehrere Fenster nach außen, durch die das Licht des anderen trotzdem hineinscheint. Die Strahlung von außen kann so stark sein, dass der Spiegel nicht mehr funktioniert und die Realität wirklich zu einem durchdringt. Das passiert in der Liebe, die sich auf vergangene Ereignisse stützt.

Ein großer Egoist ist nicht damit beschäftigt, eine Freundschaft auf der Grundlage seiner eigenen Aktivität zu suchen, sondern wartet passiv ab, ob jemand sieht, wie großartig er ist. Mehr oder weniger egoistisch sind wir natürlich sowieso alle. Bei der Selbstuntersuchung eines Menschen, der gerne Freundschaften schließt, ist es wichtig, diesen Spiegelungsprozess kennen zu lernen. In der Psychologie wird er auch Projektion genannt. Es bedeutet, dass man alles, was man erlebt, nach seinem eigenen Rahmen interpretiert und über den anderen hinüberstülpt. Das ist derselbe Prozess, aber anders beschrieben.

Ein Freund muss Liebe kennen, und Liebe ist kein Egoismus.

Nun kann man natürlich das ganze Ego ablehnen und versuchen, völlig Ego-los zu werden. Aber das Wort Selbstsucht bedeutet ein Verlangen nach dem Selbst. Man kann genauso gut sagen, dass man den Egoismus erst aufgeben kann, wenn man das Selbst gefunden hat. Wenn man es gefunden hat, kann man es nach Belieben behaupten oder zurücknehmen.

Der Egoist vertraut faktisch nur sich selbst, denn er kennt die Außenwelt nicht, und alles Fremde wird mit Misstrauen betrachtet. Der Freund hingegen sucht den anderen, wie er ist, und strebt im Gegenteil danach, sich mit diesem fremden anderen vollständig zu identifizieren, so dass das *Ich zu einem Du* und das *Du zu einem Ich* wird.

Dies ist nur möglich, wenn der Ausgangspunkt völliges *Vertrauen* in den anderen Menschen ist. Das bedeutet, die Vorsicht aufzugeben, das Risiko einzugehen, schlecht behandelt oder belogen zu werden. Man geht davon aus, dass die andere Person nicht so sein wird, dass sie nicht zulassen wird, dass einem etwas Schlimmes passiert.

Im Umgang mit Menschen hat man immer das Gefühl, dass man verletzt werden kann. Nicht, dass alle Menschen böse Absichten haben, aber alle Menschen sind in gewisser

Weise auch egoistisch und können einen auch ganz ungewollt verletzen. Das scheint ein Relikt aus der Zeit zu sein, als die menschliche Seele noch eine starke animalische Natur hatte, die da sein musste, um ihr Territorium abzustecken und um Macht und Ohnmacht zu bekämpfen. Das sind tierische Prozesse, die im menschlichen Verkehr keinen Platz mehr haben, aber natürlich trotzdem ständig alles durchdringen wollen.

Als Freund sollten wir davor keine Angst haben. Vielleicht ist es notwendig, Angst davor zu haben, aber wir müssen das trotzdem vergessen und dem anderen unser volles Vertrauen schenken - so wie wir vielleicht hoffen, dass der andere das auch bei uns tut. Früher habe ich dies Sicherheit genannt. Jetzt nenne ich es Vertrauen.

Das Vertrauen liegt im Herzen. Es muss sich öffnen und das Wesen der anderen Person voll und ganz akzeptieren, ebenso wie ihre Schwächen. Es ist gut möglich, dass man das nicht tun kann. Dann ist eine echte Freundschaft mit dieser Person nicht möglich. So wie das Schicksal uns Menschen bringt, mit denen wir durch die Wirkung des anderen Freundschaft empfinden, so bringt das Schicksal uns natürlich auch Menschen, für die wir mit keiner Möglichkeit Freundschaft empfinden können. Das können wir akzeptieren oder nicht. Eine hochentwickelte Seele wird es vielleicht schaffen, eine natürliche Antipathie in eine Sympathie zu verwandeln. In bestimmten Fällen ist es sicher einen Versuch wert. Es mag sogar notwendig sein, es zu versuchen. Aber es ist natürlich auch klar, dass das Ideal, dass *alle Menschen Freunde werden*, in unserer Zeit noch nicht erreichbar ist. Andererseits müsste man sich nicht mit den Freundschaften zufrieden geben, die einem sozusagen passiv in den Schoß fallen. Man kann das Ideal haben, dass *alle Menschen Freunde werden*, und sehen, wie weit man kommt, wenn man die Freundschaft pflegt.

In der Natur sind bestimmte Pflanzen in bestimmten Regionen zu Hause. Es ist aber oft möglich und kommt auch vor, dass bestimmte Pflanzen aus ihrer Heimat in andere Regionen gebracht werden, dort angebaut werden und dann auch dort gedeihen. So ist es auch mit der Freundschaft.

Wenn man das Wesentliche der Freundschaft lernt, kann man sie mit vielen Menschen pflegen. Das erfordert ein offenes Herz des Vertrauens und man muss den Mut haben, verletzlich zu sein und keine Angst zu haben. Es ist unter Menschen unvermeidlich, dass sie sich gegenseitig verletzen. Dann kann man immer noch sehen, wie man weiterkommt, ob diese Verletzungen heilbar sind und man gerade in der Freundschaft weitergekommen ist, oder ob eine weitere Entwicklung der Freundschaft unmöglich ist.

Man wird auch manchmal erleben, dass in einer wachsenden Freundschaft die andere Person einem nicht vertraut. In einem solchen Fall gibt es viel über Freundschaft zu lernen, weil man dann selbst erfahren kann, was Freundschaft eigentlich ist, weil man selbst erlebt, dass die Freundschaft, die man jemandem widmen möchte, verletzt ist.

ÜBUNG: Eine ganze Woche nur mit Menschenvertrauen leben!!

Wahre Freundschaft an sich ist ein Ideal. Die Freundschaft mit allen Menschen ist ein Ideal für die Zukunft, das noch weiter geht als dass *alle Menschen zu Brüdern werden.*

HINDERNISSE

Natürlich gibt es zahlreiche Hindernisse für eine Freundschaft. Das Haupthindernis ist, dass der gewünschte Freund nicht will, und da eine Freundschaft nur auf Gegenseitigkeit beruhen kann, schließt der Unwille eines der beiden eine Freundschaft aus. Manchmal kann man sehr stark den Willen verspüren, diesen Unwillen zu überwinden. Natürlich kann man das versuchen, und ich glaube auch, dass die Freundschaft, die sich daraus entwickelt, sehr stark und tief ist, wenn es gelingt. Aber normalerweise bedeutet der Unwille eines der beiden, dass man einfach aufgeben muss.

Dann gibt es natürlich andere Menschen, die ein Hindernis sein können. Es gibt Menschen, die ein Interesse daran haben, dass diese Freundschaft nicht besteht, nicht entsteht. Ein Partner kann zum Beispiel bedauern, dass der Freund oder die Freundin noch eine Beziehung zu jemand anderem hat. Es können auch geschäftliche Interessen sein, die eine Freundschaft zwischen bestimmten Personen unerwünscht machen.

Es gibt also verschiedene Ursachen für das Scheitern einer Freundschaft, die sich im Interesse anderer Menschen entwickelt. Die Frage ist immer, ob man in solchen Fällen nicht einfach zurücktreten sollte.

Der Wunsch nach Freundschaft ist bestimmt nicht dasselbe wie eine Verliebtheit. Freundschaft hat in erster Linie nichts mit einer körperlichen Beziehung zu tun. Man sollte also wirklich mit jedem befreundet sein können und dürfen. Aber wir Menschen sind einfach noch nicht so weit. Es gibt Dinge, die scheinen so unmöglich zu sein, dass es besser ist, sie nicht zu tun.

Eine Freundschaft kann sich auch auf natürliche Weise entwickeln, zwischen Menschen, die ursprünglich ein eher neutrales Verhältnis zueinander hatten. Sie kann entstehen, weil man bestimmte Dinge gemeinsam tut und dabei gegenseitig merkt, dass man es mit einem sehr wertvollen Menschen zu tun hat, mit dem man gerne in Kontakt bleiben möchte, auch wenn die Zusammenarbeit oder das gemeinsame Tun vorbei ist. Dann sind es oft die äußeren Lebensumstände, die dem Erhalt einer solchen Freundschaft im Wege stehen. So verhält es sich auch mit Urlaubsfreundschaften. Oft lässt sich ein so außergewöhnlicher Kontakt, wie er in den Ferien für ewig zu bestehen schien, nach der Rückkehr in den Alltag nicht mehr aufrechterhalten. Wenn sie doch zustande kommen, sind es oft tiefe und wertvolle Freundschaften.

Ereignisse im Leben können auch Hindernisse sein, die während der Entwicklung einer Freundschaft auftreten. Diese können sogar die Form von Prüfungen annehmen. Sie scheinen den guten Willen in der Freundschaft zu prüfen. Natürlich passiert es oft, dass jemand anderes auftaucht und anfängt, etwas über den Freund zu sagen. Etwas, das sehr negativ ist. Wenn das passiert, fragt man sich natürlich: Warum tut diese Person das? Ist da eine gewisse Eifersucht im Spiel? Möchte sie die aufkeimende Freundschaft zerstören? Oder ist es eine berechtigte Warnung?

Letzteres würde ich nicht glauben wollen, denn in einer aufblühenden Freundschaft braucht man keine Warnungen. Im Gegenteil, man setzt sein volles Vertrauen in sie. Wenn etwas nicht vertrauenswürdig ist, wird man das im Laufe der Zeit herausfinden - so schmerzhaft das auch sein wird. Wenn man einander noch nicht voll vertraut, aber bereits mit Misstrauen konfrontiert ist, wird es sehr schwierig, in einem gesunden Prozess zu bleiben.

Die ganz bewusste Suche nach einer Freundschaft mit jemandem kann einen von Zeit zu Zeit das Gefühl geben, dass man es mit Luftschlössern zu tun hat, mit Fantasie, mit Möglichkeiten jenseits der Realität. Wenn solche Gefühle und Gedanken aufkommen, hat man es mit inneren Hindernissen zu tun. In unserer Zeit muss alles nüchtern und gut dokumentiert sein. Wie oft hören wir sagen: Die Forschung hat gezeigt...?

Was ich jetzt über das Zustandekommen einer gewollten Freundschaft erörtere, kann sehr leicht widerlegt werden, vielleicht mit einer Studie, die gezeigt hat, dass es so etwas nicht gibt. Verhalte dich einfach normal, dann bist du verrückt genug. Die Idealisierung eines Mitmenschen ist eine lächerliche Sache... Solche Gefühle und Gedanken können leicht aufkommen und dazu führen, dass man seine Bemühungen aufgibt. Natürlich macht es auch absolut keinen Sinn, verzweifelte Versuche zu unternehmen. Man lernt jemanden kennen und könnte dem gegenüber gleichgültig sein. Aber man hat nun gerade das Gefühl, dass es auch eine Möglichkeit gibt, sich mit dieser Person anzufreunden, wenn man einander begegnet. Wenn sich herausstellt, dass die andere Person auch gerne mit einem umgeht, gibt man ihr die Möglichkeit, mehr für sie zu bedeuten als nur eine Bekanntschaft. Aber in dem Moment, in dem das erzwungen wird, zertrampelt man auch den Keim einer Freundschaft. Sie muss von selbst gedeihen dürfen, und das Einzige, was man tun kann, ist, die Bedingungen so zu gestalten, dass Wachstum und Gedeihen auch möglich sind. Alles, was man zu wenig tut, verhindert die Freundschaft, aber alles, was man zu viel tut, unterdrückt sie.

Mit jemandem Freundschaft schließen zu wollen, bedeutet *Selbsterziehung*. Man will ein guter Kamerad auf dem Lebensweg sein, und das erfordert in allem, dass man selbst kein Hindernis ist, sondern jemand, der zeigt, was ein wahrer Mitmensch bedeuten kann.

ÜBUNG: Eine ganze Woche lang kein Hindernis sein!

„Die Eifersucht von Freunden macht mich kaputt, nicht der Hass von Feinden.“

Friedrich von Schiller (1759 - 1805)

SYMPATHIE ODER LIEBE

Wir haben einen breiten Überblick über Freundschaft gewonnen und auch darüber, wie man ein Freund eines Freundes ist oder wird. Wenn wir uns eingehend mit Freundschaft befasst haben, wissen wir, dass es im Kern um das wahre Wesen des anderen geht und dass das viel wichtiger ist als alle Eigenschaften, mit denen man zu tun hat. Natürlich kann man das wahre Wesen auch im Äußeren sehen.

Jeder wird schon einmal die Erfahrung gemacht haben, dass man jemandem begegnet und einen Schock bekommt, obwohl man diese Person noch nie zuvor gesehen hat und daher gar keinen Schock bekommen sollte. Man bekommt einen Schock des Wiedererkennens. Dann weiß man ja noch gar nicht, welche Eigenschaften diese Person hat, und doch fühlt man sich vielleicht unwiderstehlich zu ihr hingezogen. Es ist das Wesen dieser anderen Person, das einen anzieht. Wenn es sich nicht um eine schicksalhafte Begegnung handelt, sondern um eine neue Begegnung mit jemandem, mit dem man keine komplizierte Vergangenheit hat, kann es trotzdem sein, dass das Wesen des anderen einen unwiderstehlich anzieht, ohne dass man sich gleich verlieben muss. Es ist eine angenehme Anziehungskraft, die einen dazu bringt, diese Person weiter kennen zu lernen. Es ist vielleicht nicht Liebe auf den ersten Blick, aber es ist Sympathie. Für eine Freundschaft ist es jedoch wichtig, zwischen diesen beiden Gefühlen und Impulsen zu unterscheiden. Der Unterschied zwischen Sympathie und wahrer Liebe.

Wenn man viel Sympathie für jemanden hat, nennt man das Liebe. Ich liebe dich, ich liebe sie, ich liebe ihn... Das bedeutet, dass man den anderen als einen angenehmen Menschen empfindet, mit dem man gerne zu tun hat. Das ist natürlich eine sehr gute Basis für eine Freundschaft und vor allem, wenn der andere sie auch hat. Es kann eine völlig körperlose Anziehung sein. Sympathie bedeutet, dass man mit dem Wesen des anderen sympathisiert und dass es nicht etwas gibt, was einen so abstößt, dass es zu einer abstoßenden Bewegung wird. Es ist eine anziehende Bewegung. Das ist aber keine feste Bedingung für Freundschaft, wie wir bei der Freundschaft zwischen Goethe und Schiller gesehen haben, wo eher die Antipathie vorherrschend war.

Liebe ist noch etwas ganz anderes. Für Liebe braucht man keine starke Sympathie. Der barmherzige Samariter, der an dem schwer verletzten Mann am Straßenrand vorbeigeht, hat keinen Anlass, diesen Menschen attraktiv zu finden oder nicht. Er ist vom Leid berührt und will sich deshalb bemühen, dieses Leid zu lindern. Das ist Liebe. Liebe ist viel mehr als ein Gefühl, sie drückt sich in einer Handlung aus. Wenn man Liebe für jemanden empfindet, dann ist das in der Regel Sympathie, es ist eine gewisse Freude damit verbunden. Wahre Liebe braucht das alles nicht, Liebe ist eine Kraft, die einen dazu bringt, sich selbst völlig zurückzustellen und sich dem Schicksal des anderen hinzugeben. Natürlich ist diese Liebe nur dann echte Liebe, wenn sie auch in Maßen gegeben wird, d.h. in der richtigen Mitte gehalten wird. Niemand will mit ungewollter Liebe überschüttet werden, dann ist es keine Liebe mehr. Liebe ist sanft und nimmt Rücksicht auf das Wesen desjenigen, der die Liebe empfängt.

Wahre Liebe ist völlig uneigennützig, und deshalb ist Liebe nicht in jedem Fall angenehm. Es kann sein, dass man mit der Notlage eines anderen mitfühlen möchte, und zwar nicht nur gefühlsmäßig, sondern auch, um ein Stück des Lebens des anderen zu übernehmen. Das ist Liebe. Dafür gibt es viele Beispiele in der Religionsgeschichte. Von Frauen und Männern, die schließlich heiliggesprochen wurden, weil sie in der Lage waren, sich selbst völlig zu vergessen und entgegen aller bürgerlichen Moral Caritas zu praktizieren. Das ist in unserer Zeit zur Geschichte gehörend und dann auch noch der katholischen Geschichte, aber man muss es nicht wegwerfen, es ist da. Von diesen extremen Beispielen der Selbstverleugnung kann man viel lernen.

In unserer Zeit, in der sich das Selbstbewusstsein entwickelt, ist es eine wahre Kunst, sich einem anderen Menschen in Liebe hinzugeben, und trotzdem das Selbstbewusstsein aufrecht zu erhalten. Das ist mühsam, das erfordert Einsatz, das kann Leid und Schmerz erzeugen - oft auch Glück und Freude. Aber es geht einen nicht um die Rettung des eigenen Lebens. Sympathie ist eine Vorstufe der Liebe, aber sie ist keine Liebe.

Das ist sehr wichtig für eine Freundschaft. Natürlich muss es Sympathie für etwas geben, sonst kann es keine Freundschaft geben. Aber die Treue der Freundschaft erfordert auch Liebe. Dann genügt Sympathie nicht.

Mit Sympathie kann man an einem Tisch in einem Restaurant zusammensitzen, oder nebeneinander in einem Konzertsaal, oder auf einem Spaziergang durch die Natur gehen, umhüllt von gegenseitiger Sympathie, im Gespräch über gemeinsame Ideale, im Austausch über gemeinsame Interessen... Das ist Freundschaft in der Sphäre der Sympathie. Aber in keinem Leben gibt es nur Glück, es bringt auch Unglück für jeden. Dann wird die Freundschaft auf die Probe gestellt, ob sie echt ist. Wenn man zu sehr mit anderen Sachen beschäftigt ist, um den Freund in Not unterstützen oder retten zu können, dann ist diese Probe nicht bestanden. Die Schwierigkeiten im Leben des Freundes sind nicht sympathisch, es können sogar Ereignisse sein, die man hat kommen sehen, weil man bereits sah, dass die andere Person bestimmte Dinge wirklich falsch macht. Wenn dann etwas schief geht, ist man vielleicht verärgert und empfindet Antipathie angesichts der Tatsache, dass das, was man vorhergesagt hat, nun tatsächlich eintritt. Das sind Prüfungen der Freundschaft, denn es geht nicht darum, dass man sein Leben an der Stelle des Lebens der anderen Person setzt und dann einfach zu wissen meint: „Ich hätte es nicht so gemacht" - sondern es geht darum, zu sehen, was passiert, und als Freund da zu sein, egal was passiert. Solche Prüfungen liegen in ganz kleinen Dingen, liegen auch in großen Ereignissen, und kein Mensch wird diese Prüfungen zu hundert Prozent bestehen. Aber auch hier wird es der Fall sein, dass man trotzdem mit einer Vier durchkommt. Natürlich verzeiht man sich auch gegenseitig sehr viel, wenn also der Freund oder die Freundin in der Not gerade nicht zu Hause ist, wartet man auf ein anderes Mal und dann wird es wieder ganz anders sein.

Es gibt viele Worte für die Eigenschaften, die man in eine Freundschaft einbringt, weil man befreundet ist. Liebe ist das äußerste Wort. Durch Liebe wird alles gegeben und nichts verlangt.

ÜBUNG: Überlegen Sie:
Sympathie ist vor allem ein Gefühl.
Die Liebe liegt viel mehr im Willen.

Der Weg der Liebe

Wenn ich mit Menschen- und mit Engelszungen rede, aber keine Liebe habe, so bin ich ein tönendes Erz, eine lärmende Zimbel.

Und wenn ich die Gabe prophetischer Rede habe und alle

Geheimnisse kenne und alle Erkenntnis besitze und wenn ich allen Glauben habe, Berge zu versetzen, aber keine Liebe habe, so bin ich nichts.

Und wenn ich all meine Habe verschenke und meinen Leib dahingebe, dass ich verbrannt werde, aber keine Liebe habe, so nützt es mir nichts.

Die Liebe hat den langen Atem, gütig ist die Liebe, sie eifert nicht.

Die Liebe prahlt nicht, sie bläht sich nicht auf, sie ist nicht taktlos, sie sucht nicht das ihre, sie lässt sich nicht zum Zorn reizen, sie rechnet das Böse nicht an, sie freut sich nicht über das Unrecht, sie freut sich mit an der Wahrheit.

Sie trägt alles, sie glaubt alles, sie hofft alles, sie erduldet alles.

Die Liebe kommt niemals zu Fall: Prophetische Gaben - sie werden zunichte werden; Zungenreden - sie werden aufhören; Erkenntnis - sie wird zunichte werden.

Denn Stückwerk ist unser Erkennen und Stückwerk unser prophetisches Reden. Wenn aber das Vollkommene kommt, dann wird zunichte werden, was Stückwerk ist. Als ich ein Kind war, redete ich wie ein Kind, dachte wie ein Kind, überlegte wie ein Kind. Als ich aber erwachsen war, hatte ich das Wesen des Kindes abgelegt.

Denn jetzt sehen wir alles in einem Spiegel, in rätselhafter Gestalt, dann aber von Angesicht zu Angesicht. Jetzt ist mein Erkennen Stückwerk, dann aber werde ich ganz erkennen, wie ich auch ganz erkannt worden bin.

Nun aber bleiben Glaube, Hoffnung, Liebe, diese drei. Die grösste unter ihnen aber ist die Liebe.

Die Briefe des Apostels Paulus, 1. Korinther 13

UMKEHRUNG DES WILLENS

Wir haben jetzt im zweiten Teil über die Freundschaft gesprochen, die man bewusst mit Menschen sucht, wo sie nicht spontan entsteht. Die Frage ist: Wenn man eine Freundschaft mit jemandem hat und in der Beziehung etwas völlig schiefläuft, so dass der andere nicht mehr weitermachen will und die Freundschaft abbricht, indem er entweder offen streitet oder sich allen weiteren Absprachen entzieht, dann ist die Frage, ob sich dieser Unwille noch in ein „trotzdem wollen" umkehren lässt. Das scheint dasselbe zu sein wie der Wunsch, eine Freundschaft mit jemandem zu beginnen, mit dem es nicht offensichtlich ist, aber in Wirklichkeit ist es natürlich etwas ganz anderes. Wenn man eine schicksalhafte Beziehung zu jemandem hat, spielen neben den Ereignissen, die man mit der Vernunft nicht erklären kann, immer auch Gefühle und Willensimpulse eine Rolle. So kann aus einer Sympathie eine heftige Antipathie werden, auch ohne direkten Grund. Da Freundschaft immer auf Gegenseitigkeit beruht, endet die Freundschaft an diesem Punkt, auch wenn man weiterhin miteinander zu tun hat. Man kann sogar weiterhin miteinander umgehen und dieselben Dinge tun, dieselben Gespräche führen, auch wenn das Band der Sympathie, das da war, zerrissen ist. Die Frage ist also: Lässt sich diese Antipathie in Sympathie umwandeln?

Wenn derjenige, der die Antipathie hat, dies *will*, ist es natürlich möglich. Aber wenn derjenige auf seinem Unwille beharrt, was müsste man dann tun, um den Zugang zu der anderen Person wiederherzustellen? Der einzige Zugang scheint mir das Gespräch zu sein. Man muss dann den Mut aufbringen, direkt zur Sache zu kommen und versuchen, sich bewusst zu machen, was genau sich verändert hat. Oft weiß es der andere nicht einmal selbst. Es ist wie eine Naturkatastrophe, wie ein aufziehendes Gewitter, das man auch nicht einfach rückgängig machen kann.

Aber unter Menschen wirkt das Gespräch wirklich Wunder. Vielleicht kann man darüber sprechen, wann die Antipathie zum ersten Mal so richtig aufkam. Natürlich gibt es in jeder Beziehung Anzeichen von Antipathie, die aber im Laufe der Beziehung immer mehr überwunden werden. Wenn eine starke Antipathie auftritt, wäre es wunderbar, wenn man gemeinsam darüber sprechen könnte. Ist es möglich, den Moment zu finden, in dem diese Antipathie zum Vorschein kam? Wenn es gelingt, diesen Moment gemeinsam zu finden, selbst wenn die Erinnerung daran schmerzhaft wird, dann ist das Bewusstwerden des Ursprungs der Antipathie gleichzeitig eine Aufhebung der Antipathie. Antipathie kann wie eine Depression so wachsen, dass nichts mehr zu helfen scheint. Wenn man nicht weiß, woran man leidet, wächst das Leiden. Mir scheint, dass der Mut zu einem offenen und ehrlichen Gespräch das einzige Heilmittel ist. Wenn es abgelehnt wird oder ein solches Gespräch scheitert, dann sollte Geduld der heilende Faktor sein. Man distanziert sich dann voneinander und vielleicht kommt eines Tages die Zeit, in der man die alte Verbundenheit wieder spüren kann.

Es ist klar, dass es im menschlichen Miteinander, in der Freundschaft und in der Liebe nicht nur Glück, sondern auch tiefsten Schmerz gibt. Einen Menschen zu verlieren, mit dem man eine gute Zeit hatte, mit dem man befreundet war, ist wie ein Sterben. Wenn man es aber schafft, einen solchen Sterbeprozess zu überwinden, ist das Glück größer als zuvor.

Ist die Trennung wie ein Sterben, ist die Überwindung der Trennung wie eine Auferstehung.

Ich glaube nicht, dass es eine andere Methode gibt, wachsende Antipathie zu überwinden, als das Gespräch. Das Gleiche gilt für Liebespartner. Wenn sie nicht wachsam sind, jedes Mal wenn die Antipathie aufsteigt, und nicht sofort ein Gespräch darüber beginnen, dann wird die Antipathie die Oberhand gewinnen und die Beziehung wird zerbrechen. Menschen, die nicht miteinander über ihre Gefühle füreinander sprechen können, ohne gleich wieder in einen Streit darüber zu geraten, können keine liebevollen Freunde füreinander sein. Man kann es vielleicht gewohnheitsmäßig miteinander aushalten, aber das ist keine Freundschaft und schon gar keine Liebe.

ÜBUNG: Führen Sie eine Woche lang Gespräche, wann immer es Unzufriedenheit gibt, nicht um recht zu haben, sondern um in Einklang zu kommen.

„„Was ist prächtiger als Gold?" fragte der König.
„Das Licht", antwortete die Schlange.
„Was ist belebender als Licht?" fragte der König.
„Das Gespräch", antwortete die Schlange."

Aus Goethes Märchen *Von der grünen Schlange und der schönen Lilie*.

TATKRAFT

Die Freunde tun alles füreinander, sie geben sogar ihr Leben füreinander. Die Freundschaft dringt zu der Handlung durch, durchdringt die Tat. Man hilft sich gegenseitig als Brüder und Schwestern. Brüder müssen nicht zwangsläufig Freunde sein. Freunde sind immer Brüder.

Der flämische Comic *Suske und Wiske* endete oft mit diesem Satz:

„Dort allein kann Liebe wohnen,
Dort allein ist das Leben gut,
Wo man still und ungezwungen
Alles füreinander tut."

Sehr einfach. Aber ach so schwierig. Denn im Tun steckt doch immer eine ganze Welt. Eine Handlung ist nie frei von Gefühlen und Gedanken. Die Menschen denken, sie seien mit ihren Gefühlen und Gedanken in sich selbst eingeschlossen, aber sensible Menschen beweisen, dass die Welt der Gefühle und Gedanken unter den Menschen eine Einheit ist. Wenn man mit Menschen zusammen ist, spürt man, was der andere fühlt. Das Denken ist schwieriger zu beobachten, aber das Fühlen ist eigentlich für jeden zugänglich. Je mehr man in seinen eigenen Gefühlen verankert ist, desto weniger leidet man an dieser Zugänglichkeit.

Die Tatsache, dass die Welt der Gefühle eine Einheit ist - auch wenn sie in gewissem Sinne wieder in sich selbst abgeschlossen ist - bedeutet, dass es, wenn jemand eine Tat für einen vollbringt, wichtig ist, dass die Gefühle während dieser Tat einen nicht belasten.

Auch die Luft ist ein Element, das uns allen gehört, und

doch nehmen wir jedes Mal, wenn wir einatmen, mit dem Einatmen etwas davon auf und geben es mit dem Ausatmen wieder ab.

So ähnlich funktioniert das auch mit den Gefühlen. Unter Freunden ist man einander wohlgesonnen, aber irgendwann braucht einer Hilfe und der andere gibt sie. Unter Freunden scheint es mir nicht möglich, dass Gefühle nicht geteilt werden. Man kann seine Gefühle so gut hinter einem fröhlichen Gesicht und entschlossenem Handeln verstecken - wenn sie tatsächlich negativ sind, spürt der andere das. Das ist im Leben mit der Tat eine unausweichliche Tatsache. Die andere Person spürt auch, wenn der Freund eine Tat vollbringt und stolz darauf ist, oder fühlt: Schau, was für ein liebevoller Mensch ich bin! Das fällt natürlich in den Bereich der Unwahrhaftigkeit. Aber wir Menschen sind eben nicht perfekt und können auch in der Freundschaft Fehler machen. Nur dort kann die Liebe wohnen, nur dort ist das Leben gut, wo Menschen still und ungezwungen alles füreinander tun. Dass ‚man alles füreinander tut' ist die eine Hälfte der Tat, aber ‚still und ungezwungen' ... das ist der schwierigste Teil.

Das Tun liegt im Bereich des Opfers. Wenn man jemandem zuhört, kann man das als Opfer seiner Aufmerksamkeit erleben, aber Aufmerksamkeit ist etwas, das man leicht gibt, es ist eine Seelensubstanz. Aber etwas wirklich *zu tun*, bedeutet, dass man selbst einen Moment lang nicht da ist, dass man keinen Nutzen davon hat, dass man das Feuer seines Willens ganz dem anderen zur Verfügung stellt. Das kann ein Mensch nur aufbringen, wenn das Wohl des anderen im Vordergrund steht. Wenn man glücklich wird, weil man dem anderen ein Stück Glück bringt, indem man etwas für ihn oder sie tut, dann ist das wirklich eine aufrichtige und wahre Hingabe. Wenn man es nur mit schweren Armen und Beinen tut, während die Gedanken und

Gefühle ständig sagen: Ich sollte das tun, aber eigentlich würde ich gerne dieses oder jenes tun - dann ist es kein Opfer. Dann hat man ja aus den Augen verloren, worum es eigentlich ging. Es ging ja nicht darum, sich sagen zu können, dass man wiederum einmal so richtig gut war, um etwas für einen anderen zu tun. Es ging darum, dem anderen ein gewisses Wohlgefühl zu vermitteln. Auch wenn der Freund nichts zeigt, nichts sagt, kann man natürlich davon überzeugt sein, dass es Dankbarkeit für das gibt, was man tut. Aber darum sollte es auch nicht gehen. ‚Still und ungezwungen', nicht mit einem Rucksack voller Frustration darüber, dass man wieder derjenige ist, der es tun muss. Sondern mit echtem Willen zur Tat. Egal, ob es sich um einmal Einkaufen handelt oder um die Pflege eines Patienten für eine ganze Woche. Ob man einen Freund bei sich im Haus aufnimmt oder nur zu Besuch geht. Darauf kommt es bezüglich der Tatkraft gar nicht an. Was zählt, ist das, was zu einem bestimmten Zeitpunkt gebraucht wird. Man wird ja auch nicht anfangen, zu vergleichen und sich zu sagen, na ja, ich möchte mal sehen, was passiert, wenn mir so etwas geschieht, ob er oder sie mir so zu Hilfe kommen wird, wie ich es jetzt tue. Das sind alles menschliche Gedanken und Gefühle. Aber in einer echten Freundschaft haben sie keinen Platz.

Selbstverständlich gehört es zur Freundschaft dazu, dass man dann solche mit Emotionen beladene Handlungen untereinander erträgt.

In dem Bereich, in dem wir etwas füreinander tun, liegt immerhin eine große Herausforderung.

ÜBUNG: Wir könnten diese Woche einmal bewusst „alles füreinander tun, still und ungezwungen."

BESINNUNG

In diesem Buch habe ich den Versuch unternommen, Freundschaft zu beschreiben, Freundschaft, die auf Zuneigung beruht, und Freundschaft, die aus freiem Willen entstanden ist.

Natürlich kann eine Beschreibung der Freundschaft niemals vollständig sein. Wenn man dies anstreben würde, müsste man vielleicht eine ganze Bibliothek voller Bücher schreiben, und das wäre dann nicht mehr interessant.

Wollte man jemandem, der noch nie eine Rose gesehen hat, eine Rose beschreiben, damit er sich ein reales Bild davon machen kann, müsste man unglaublich viele Details nennen und selbst dann wäre man sich sicher, dass sich der andere am Ende zwar etwas vorstellen würde, es aber nicht der realen Rose entsprechen würde. Man kann keine substanzielle Ähnlichkeit mit der Vorstellung erreichen, wenn man das Wesentliche nicht kennt. Bei der Freundschaft ist das nicht der Fall, denn Freundschaft ist eine menschliche Eigenschaft, die niemandem fremd ist. Wenn man also Freundschaft beschreibt, bedeutet das nur, dass man das Vertraute ins Bewusstsein holt - und vielleicht durch eine stärkere Betonung bestimmter Aspekte den Leser auf die Bedeutung dieser bestimmten Aspekte in der Freundschaft hinweist.

So wie jeder Mensch atmet, um am Leben zu bleiben, braucht die Seele Freundschaft. So wie man nicht wissen muss, wie das Atmen geschieht, um zu atmen, muss man auch nicht genau wissen, wie Freundschaft zustande kommt, um sie zu haben.

Aber wir leben in einer Zeit, in der das innere Wesen des Menschen das Bedürfnis verspürt, sich selbst immer besser kennenzulernen und sich selbst in die Hand zu nehmen. In diesem Licht steht diese Beschreibung der Freundschaft. Freundschaft ist eine der größten Gaben, die der Mensch erhalten hat. Die Fähigkeit zur Freundschaft ist ein Geschenk, und wenn man einem anderen Menschen seine Freundschaft schenkt, ist die schenkende Gabe eine Erweiterung der Gabe, die man selbst erhalten hat.

Auch Menschen, die als böswillig bekannt sind, kennen Freundschaft, oft sogar sehr ausgeprägt. Wir können an bestimmte kriminelle Gruppen denken, in denen Freundschaft noch eine sehr wichtige Rolle spielt. Nur ist sie dort natürlich an bestimmte Gesetze gebunden. Hält man sich nicht daran, kann es passieren, dass die Freundschaft eisig wird und zeigt, dass es doch keine echte Menschenfreundschaft war. Wahre Freundschaft wird nicht gebrochen. Es mag eine Zeit geben, in der es keine Möglichkeit gibt, miteinander auszukommen. Daran zerbricht die Freundschaft nicht. Freundschaft ist eine menschliche Größe und hängt mit Kopf, Herz und Willen zusammen. Ohne Verstand und Weisheit gibt es keine wahre Freundschaft. Auch nicht ohne ein warmes Herz. Wenn guter Wille und Standhaftigkeit fehlen, Treue, dann gibt es auch keine wahre Freundschaft.

Aber sogar, wenn diese drei Säulen der Freundschaft im Menschen zu schwach sind, wird es in diesem menschlichen Leben noch mehrmals einen Hauch von Freundschaft geben.

Wahre Freundschaft geht über Verliebtheit hinaus, obwohl die Romantik der Verliebtheit wiederum über die Freundschaft hinausgeht. Man verliebt sich nicht in jeden. Das sollte auch nicht angestrebt werden. Aber dass alle Menschen eines Tages Freunde sein könnten, mit idealisierten Wesensbildern, ist natürlich ein hohes und berechtigtes Ziel.

Man wünscht sich, man wäre ein Dichter und könnte eine Ode an die Freundschaft schreiben. Das müssen wir jetzt leider belassen. Ich beschränke mich auf diesen einen Satz von Schiller, der besagt, dass man ein Freund eines Freundes sein kann. Das kennzeichnet die Gegenseitigkeit der Freundschaft.

Diese Überlegungen zur Freundschaft haben natürlich ihre Grenzen. Ich habe mir Freundschaft als ein besonderes Band zwischen Menschen vorgestellt, die nicht unbedingt Partner sein müssen. Es gibt auch eine besondere Verbindung zu Tieren, aber sie sollte anders bezeichnet werden; das Wort Freundschaft ist hier nicht angebracht. Auch ist die Freundschaft zwischen Kindern kein Beispiel für eine vollständige Freundschaft unter Erwachsenen, aber sie ist ein Anfang davon und ein Ausgangspunkt, um erwachsene Freundschaften zu durchschauen.

Beispiele für Freundschaft sind in der Geschichte zu finden. Ich werde einige Beispiele in dem Abschnitt nach dieser Besinnung geben.

Schließen möchte ich mit dem Eindruck, wie der romantische Schriftsteller Novalis über seinen Freund Schiller schreibt, den er meisterhaft idealisiert. Er ruft mehr oder weniger aus, dass die höheren Wesen, wie die Engel, die sich nicht in einem physischen Körper auf der Erde inkarnieren können, den sehnlichen Wunsch haben, dies zu können. Und warum? Weil sie dann den inkarnierten Menschen Schiller auf Erden erleben könnten!

Wenn man zu seinem Freund mit solcher Liebe und Wertschätzung aufschauen kann....

Möge der Inhalt dieses Buches viele Menschen für die Freundschaft entflammen, unterstützt und verstärkt durch die Übungen, die jedes Kapitel begleiten.

Ich fange an mit der legendären Freundschaft zwischen **David und Jonathan**, dem Sohn von Saul.

Buch Samuel 18, Altes Testament:

Und als sein Gespräch mit Saul zu Ende war, schloss Jonathan den David in sein Herz, und er gewann ihn lieb wie sein eignes Leben. Saul aber nahm ihn an jenem Tage zu sich und ließ ihn nicht mehr in seines Vaters Haus zurückkehren. Und Jonathan schloss einen Bund mit David, weil er ihn lieb hatte wie sein eignes Leben. Und Jonathan zog den Mantel aus, den er anhatte, und gab ihn David, auch seine Rüstung und sogar sein Schwert, seinen Bogen und seinen Gürtel.

Thomas von Aquin und Reginald von Piperno

Reginald wurde um 1230 in Piperno geboren. Seit 1927 heißt diese Stadt in der Region Latium in Mittelitalien Priverno. In Neapel trat er in den Dominikanerorden ein. Thomas von Aquin wählte ihn um 1265 in Rom zu seinem Sozius und Beichtvater. *Von da an war Reginald der ständige und vertraute Begleiter von Thomas.*
Thomas widmete Reginald mehrere seiner Werke.
Im Jahr 1272 begann Reginald mit Thomas in Neapel zu lehren. Er wohnte Thomas' Sterbebett bei, nahm ihm die Beichte ab und hielt 1274 die Leichenrede. Er kehrte nach Neapel zurück und übernahm wahrscheinlich den Lehrstuhl seines Meisters. Er starb um 1290.

Das Zeugnis von Reginald wird im Prozess der Heiligsprechung von Aquin immer wieder zitiert. (Wikipedia)

François de Sales und Jeanne de Chantal

Zu Pfingsten 1607, drei Jahre nach seiner ersten Begegnung mit Jeanne de Chantal, offenbarte François de Sales ihr eine Eingebung, die er empfangen hatte - die Gründung eines Ordens durch sie und mit ihr. Für Jeanne war dies endlich die Antwort auf ihre große Berufung - aber auch Anlass zu großer Sorge (sie hatte vier Kinder, die noch jung waren, und viele familiäre Verpflichtungen - wie konnte sie sie im Stich lassen?) Es sollte noch drei Jahre dauern, bis der Orden der ‚Visitation' Wirklichkeit wurde, und in dieser Zeit bereitete sich die Baronin de Chantal auf die Betreuung und Zukunft ihrer Kinder vor.

Jeanne de Chantal
Am 4. April 1610 wurde sie vom Bischof von Genf (François de Sales) feierlich in Annecy empfangen: Dies war der Beginn der Gründung des Ordens der Visitation (Ordo Visitationis Beatae Mariae Virginis) - der Beginn der fruchtbaren Zusammenarbeit von Jeanne und François, die aus schwierigen Prüfungen, wunderbaren Eingriffen der Vorsehung, der Hingabe bis zur Erschöpfung und vor allem aus der totalen Hingabe an den Dienst des anderen bestehen sollte - in dem Bewusstsein, dass ihre Missionen von nun an eng mit dem Herzen Gottes verbunden waren.

Versuchungen
Die Freundschaft zwischen François und Jeanne war außergewöhnlich. Sie hat es jedem von ihnen ermöglicht, heilig zu werden, aber auch zahllose geistliche Söhne und

Töchter hervorgebracht, Freundschaften wie die ihre, kurz gesagt, eine wahre Kameradschaft. Und doch ist sie durchzogen von großen Prüfungen, die sie überstanden haben, wobei sie dank ihrer gegenseitigen Unterstützung immer wieder Gelegenheiten sahen, dem Herrn zu begegnen. Ihr Geheimnis: eine totale Offenheit des Herzens, eine fast konfessionelle Haltung zueinander, die ihnen die Sicherheit und Freude gab, nur das Werk des anderen zu tun.

Neben den familiären Schwierigkeiten gab es zahlreiche Anklagen und Schwierigkeiten bei der Ansiedlung, als der Ordo Visitationis wuchs.

Die letzte Schwierigkeit war die räumliche Entfernung, die sie nun trennte (sie waren oft unterwegs, jeder auf seiner Seite) und die Seltenheit ihrer Begegnungen. Als Mutter de Chantal den Bischof von Genf wenige Tage vor seinem Tod im Dezember 1622 zum letzten Mal traf, hatten sie sich seit mehr als drei Jahren nicht mehr gesehen. Diese Entfernung hat ihre Freundschaft jedoch nie beeinträchtigt, sondern im Gegenteil gestärkt und dazu beigetragen, dass jeder von ihnen in seiner eigenen Mission beharrlich war und aus der Verbundenheit mit dem anderen die Kraft schöpfte.

François diente Jeanne stets als Gründerin und Mutter Oberin, ohne den Anspruch zu erheben, selbst der Gründer der Ordo Visitationis zu sein, und Jeanne überlebte ihren geliebten geistlichen Vater um viele Jahre und verewigte in ihrer Person seinen Geist und seine Art der geistlichen Führung - wie ihre vielen Briefe an ihre Visitationstöchter zeigen, die oft den Briefen ähneln, die François an Jeanne schrieb - voller Sanftheit, Aufmerksamkeit für die Person und Lebendigkeit, selbst bei den schwierigsten Themen.

Nach François hatte Jeanne auch einen politischen und kulturellen Einfluss in Frankreich. Sie wurde in viele Kreise eingeladen und sogar, kurz vor ihrem Tod, von der Königin von Frankreich, um den kleinen Dauphin - den zukünftigen König Ludwig XIV - zu segnen.

(Teilzitat aus einem Text auf *Terre de compassion.com*)

Die drei Musketiere und der vierte

Alexandre Dumas hat einen Roman geschrieben, in dem die Freundschaft heldenhaft auftritt.

Die Freundschaft ist das erste Thema, das in dem Buch auftaucht. Es bezieht sich zum einen auf die Freundschaft zwischen den drei Musketieren, zum anderen auf die Freundschaft zwischen den drei Musketieren und d'Artagnan. Obwohl die Herren sich gegenseitig oft necken und hart zurechtweisen können, stehen sie bedingungslos füreinander ein, wenn einer von ihnen wieder einmal in einen Streit gerät.

Es handelt sich offensichtlich um eine romantische Freundschaft, aber ist ein Beispiel für brüderliche Freundschaft im Extremfall.

D'Artagnan geht in jungen Jahren nach Paris, in der Hoffnung, wie sein Vater, ebenfalls Musketier zu werden und sein Glück zu machen. Er ist jung, frech, ein Draufgänger, intelligent, mutig, zäh, edel und verliebt in die Frau seines Vermieters: Mme. Constance Bonacieux, eine der Hofdamen von Anne d'Autriche, der Königin von Frankreich.
Auf jeden Fall ist er eine historische Persönlichkeit; er starb bei der Belagerung von Maastricht und hinterließ seine Spuren in dieser Stadt.

Aramis ist ein junger Geistlicher, der sich im Rahmen eines Streits mit einem Mann, der ihm eine amouröse Affäre mit einer Dame aus der Nachbarschaft vorwarf, in einem Duell verteidigen wollte. Zu diesem Zweck verließ er vorübergehend die Kirche (da Mönche nicht duellieren dürfen). Aufgrund unbekannter Umstände schloss er sich den Musketieren an, erklärte aber, dass dies nur vorübergehend sei und er schließlich wieder in die Kirche zurückkehren wolle.

Porthos ist ein lauter, eitler, stolzer und selbstbewusster, aber gleichzeitig auch mutiger und kämpferischer Mann. Wir erfahren nicht viel über seine Person, nur dass er Athos, Aramis und d'Artagnan sehr zugetan ist.

Athos, der eigentlich Comte de La Fère heißt, ist der stillste der Freunde. Er hat sogar seinem Diener Grimoud verboten zu sprechen, und die beiden verständigen sich mit einfachen Gesten. Er ist der älteste und wichtigste der drei Musketiere und ist eine Art Vaterfigur für d'Artagnan. Von den drei Freunden bleibt er den Musketieren unter d'Artagnans Führung am längsten treu.

Goethe und Schiller

Es gab einmal eine Zeit, in der der Mensch noch inmitten von Hügeln und Tälern lebte, mit Bäumen und Blumenpracht. Damals hieß Intersubjektivität noch ‚Freundschaft', und diese entstand selten auf der Basis rationaler Übereinstimmung, sondern blühte aus starken Gegensätzen auf. Man erlebte Lust am Überbrücken von Gegensätzen, die unüberbrückbar erschienen.

So lebten zwei Männer, die unversöhnlich schienen. Der

eine hieß Goethe, der andere Schiller. Schiller schreibt über Goethe:

„Er war gestern bei uns, und das Gespräch kam bald auf Kant. Interessant ist's, wie er alles in seine eigene Art und Manier kleidet und überraschend zurückgiebt, was er las, aber ich möchte doch nicht gern über Dinge, die mich sehr nahe interessieren, mit ihm streiten. Es fehlt ihm ganz an der herzlichen Art, sich zu irgendetwas zu bekennen. Ihm ist die ganze Philosophie subjectivisch, und da hört denn Überzeugung und Streit zugleich auf. Seine Philosophie mag ich auch nicht ganz: sie holt zu viel aus der Sinnenwelt, wo ich aus der Seele hole. Überhaupt ist seine Vorstellungsart zu sinnlich und betastet mir zu viel. Aber sein Geist wirkt und forscht nach allen Direktionen und strebt, sich ein Ganzes zu erbauen – und das macht mir ihn zum großen Mann." (1789)

Goethe schreibt 1817 über Schiller, zurückblickend auf 1794:

„An keine Vereinigung war zu denken. [...] ja meine Gründe, die ich jeder Vereinigung entgegensetzte, waren schwer zu widerlegen. Niemand konnte leugnen, daß zwischen zwei Geistesantipoden mehr als ein Erddiameter die Scheidung mache, da sie denn beiderseits als Pole gelten mögen, aber eben deswegen in eins nicht zusammenfallen können."

Daß aber doch ein Bezug unter ihnen stattfinde, erhellt aus Folgendem...

„Die plötzlich sich entwickelnde Beziehung zu Schiller, die ich zu dem Höchsten rechnen kann, was das Glück mir in späteren Jahren bereitete, übertraf all meine Wünsche und Hoffnungen."

Sie begegnen einander ungewollt während einer Zusammenkunft einer Vereinigung von Naturforschern. Zufällig gehen sie zusammen aus der Tür und haben ein Gespräch. Schiller sagt, er finde, dass die Weise, wie hier die Natur besprochen werde, für den Laien nichts Angenehmes habe. Goethe stimmt dem zu und sagt, dass es sogar für den Eingeweihten noch unangenehm sei und dass es auch eine andere Art gebe, die Natur zu erforschen.

Zweifelnd äußert Schiller sein Interesse dafür, sie gehen zusammen zu Schillers Haus, und Goethe geht mit hinein. Dort erzählt er dann enthusiastisch von seiner Idee der Metamorphose der Pflanzen, wie er sie aus der Anschauung gewonnen hat, und zeichnet die Urpflanze. Schiller ist außergewöhnlich andächtig und voller Verständnis, weist aber die Idee der Urpflanze dennoch ab.

In Goethes Worten:

„Als ich aber geendet, schüttelte er den Kopf und sagte: Das ist keine Erfahrung, das ist eine Idee. Ich stutzte, verdrießlich einigermaßen: denn der Punkt, der uns trennte, war dadurch aufs strengste bezeichnet. [...] der alte Groll wollte sich regen, ich nahm mich aber zusammen und versetzte: Das kann mir sehr lieb sein, dass ich Ideen habe, ohne es zu wissen, und sie sogar mit Augen sehe.“

Schiller sagte:

„Wie kann jemals Erfahrung gegeben werden, die einer Idee angemessen sein sollte? Denn darin besteht eben das Eigentümliche der letzteren, daß ihr niemals eine Erfahrung kongruieren könne.“

Goethe beschreibt weiter:

„[...] und so besiegelten wir durch den größten, vielleicht nie ganz zu schlichtenden Wettkampf zwischen Objekt und Subjekt, einen Bund, der ununterbrochen gedauert und für uns und andere manches Gute gewirkt hat."

An der Basis der legendären Freundschaft zwischen beiden Männern, die eine ausführliche Kommunikation in Briefen und Begegnungen nach sich zog - liegt keineswegs ein Konsens. Keine Übereinstimmung zwischen den polaren Auffassungen (die so weit auseinander liegen, dass der ‚Erddiameter noch zu klein ist'), kein Konsens über propositionelle Wahrheit oder normative Richtigkeit. Wohl aber ein tiefes Erkennen der Wahrhaftigkeit und Authentizität des anderen, doch nicht aus rationalen Gründen. Die Übereinstimmung entsprang gerade aus dem Gegensatz, der nicht aufgegeben - er ist ja Symptom für die eigene Kraft und die eigene Schwäche, wodurch der eine den anderen lehren, zugleich aber auch der eine vom anderen empfangen konnte. Rationale Übereinstimmung ist nur möglich zwischen Menschen, die einander schon gleichen: die Übereinstimmung ist kein Wunder, weckt keine Verwunderung. Gerade wenn die Übereinstimmung nicht aus einem Konsens heraus zustande kommt, sondern aus der Verwunderung über die Größe und Andersheit des Anderen, ist wirkliche Erneuerung möglich sowohl im Persönlichen als auch in Wissenschaft, Kunst und sozialem Leben.

(Aus: Mieke Mosmuller, *Ethischer Individualismus und kommunikatives Handeln. Eine Kritik der Habermas'schen Theorie*, 1998)

Die Freundschaft zwischen Garibaldi und seiner Frau

Giuseppe Garibaldi war ein italienischer General und Freiheitskämpfer, der im 19. Jahrhundert eine wichtige

Rolle bei der Einigung Italiens spielte. Sein Beitrag zur Risorgimento-Bewegung trug zur Einigung mehrerer italienischer Staaten bei und führte zur Gründung des modernen Italiens. Garibaldi war bekannt für seine militärischen Fähigkeiten und seine Teilnahme an mehreren Schlachten während dieser Zeit.

„Er hat nämlich die weibliche Persönlichkeit, mit der er dann das Glück seines Lebens durch viele Jahre hindurch begründet hat, auf einem ganz eigentümlichen Wege kennengelernt, nämlich von weit draußen auf dem Meere, wo er auf dem Schiffe war, durch ein Fernglas ans Land hin. Das ist auch eine nicht gerade bei den meisten Menschen vorkommende Art, sich zu verlieben: durch ein Fernglas. Dann aber wiederum hat es ihm das Schicksal besonders leicht gemacht, diese von ihm als die Seinige auf den ersten Blick - aber wie gesagt, auf den ersten Blick durch das Fernglas -, als die Seinige bezeichnete, bald auch kennenzulernen. Denn natürlich, er steuerte sofort auf das Land zu, in der Linie, die er gesehen hatte durch das Fernglas, und da wurde er eingeladen von einem Manne zum Mittagessen. Und siehe da, es stellte sich gleich nachher heraus - er hatte die Einladung angenommen -, daß das der Vater der Persönlichkeit war, die er durch das Fernglas gesehen hatte. Nun konnte sie nur Portugiesisch, er nur Italienisch; aber es wird versichert von dem Biographen, und es scheint auch richtig zu sein, daß die junge Dame, trotzdem sie nur Portugiesisch konnte, seine ganz kurz bemessene Liebeserklärung, die er nun auch mündlich ablegte, die ja nur in den Worten bestanden zu haben scheint: Wir müssen uns vereinen für das Leben - italienisch gesagt -, daß sie sofort diese Liebeserklärung verstanden hat. Und tatsächlich wurde daraus eine Lebensgemeinschaft für lange, lange Zeit.

Diese Persönlichkeit nahm teil an all den furchtbar abenteuerlichen Reisen, die er in Südamerika absolviert hat, und es gibt Züge, die einen erschütternden Eindruck machen. So zum Beispiel ist einer der Züge der, daß sich das Gerücht verbreitete, Garibaldi wäre getötet worden im Kampf. Nun stürmte die Frau aufs Schlachtfeld und hob jeden Kopf auf, um nachzusehen, ob das Garibaldi sei. Dann fand sie nach langer Zeit, nachdem sie viel abenteuerlich zu suchen hatte, ihn eben doch als Lebendigen wieder.

Aber schon wirklich erschütternd ist es, daß sie bei dieser abenteuerlichen Reise auf der Suche nach Garibaldi, die lange Zeit dauerte, ohne jede Hilfe ihr Kind geboren hat, daß sie, um es warm zu halten, es an einem Band um den Hals gebunden und an ihrer eigenen Brust warm gehalten hat durch lange Zeiten. Es sind in dieser amerikanischen Tätigkeit Garibaldis schon wirklich die tief erschütterndsten Züge vorgekommen."

(Rudolf Steiner, GA 236)

Ben Affleck und Matt Damon
Eine Freundschaft in der heutigen Filmwelt

Sie sind Schauspieler, Drehbuchautoren und Produzenten aus Cambridge, Massachusetts, die im Laufe ihrer Karriere oft zusammengearbeitet haben. Das Duo wurde erstmals 1997 bekannt, als sie den Oscar für das beste Originaldrehbuch für *Good Will Hunting* erhielten, das sie gemeinsam schrieben und in dem sie die Hauptrolle spielten. Seitdem pflegen die beiden eine enge Beziehung in der Öffentlichkeit, arbeiten oft gemeinsam an Projekten und gründen Unternehmen.

Die beiden lernten sich in ihrer Heimatstadt Cambridge kennen, als Affleck 8 und Damon 10 Jahre alt war. Ge-

gen Ende der 1980er Jahre beschlossen die beiden, eine Filmkarriere anzustreben, und eröffneten ein gemeinsames Bankkonto, um Geld für Vorsprechen zu sparen, auf das sie das Geld einzahlten, das sie mit frühen Rollen verdienten. 1989 arbeitete das Duo an ihrem ersten gemeinsamen Projekt, *Field of Dreams*, wo sie als Figuranten eingesetzt wurden.

Aufgrund ihrer gemeinsamen Erziehung und ihrer häufigen Zusammenarbeit hat *die Freundschaft* von Affleck und Damon in der Öffentlichkeit viel Aufmerksamkeit erregt. US Weekly nannte sie „eine Bromance, die es wert ist, gefeiert zu werden". Über seine Beziehung zu Damon äußerte sich Affleck wie folgt: „Diese Freundschaft war essentiell und prägend und so wichtig für mich in meinem Leben. Es gab einige kritische Momente, die privat sind und die ich nicht teilen möchte, aber wo [Damons] Unterstützung so wichtig für mich war, dass ich glaube, dass ich ohne sie nicht erfolgreich gewesen wäre." (Wikipedia)